SAVOIR S'ORGANISER

Stéphanie Bujon
Laurence Einfalt

SAVOIR S'ORGANISER

Septième tirage 2014

EYROLLES

Éditions Eyrolles
61, bd Saint-Germain
75240 Paris Cedex 05
www.editions-eyrolles.com

Mise en pages : Compo Méca

Cet ouvrage a fait l'objet d'un reconditionnement à l'occasion de son septième tirage (nouvelle couverture et nouvelle maquette intérieure).
Le texte reste inchangé par rapport au tirage précédent.

ISBN : 978-2-212-55828-9

SOMMAIRE

INTRODUCTION

Ce guide est né d'une rencontre. Celle de Laurence Einfalt, ex-cadre dynamique et de Stéphanie Bujon, journaliste de presse féminine.

Laurence, plutôt efficace au travail, planifiant et gérant tout, s'est avérée d'une incompétence étonnante dès qu'il a fallu prendre soin régulièrement de son intérieur et de sa famille devenue nombreuse. Eh oui !, la pauvre, élevée par une mère si bien organisée ! Quant à elle, de linge déteint en écroulement de bibliothèques, de garage capharnaüm en placards débordants, il a bien fallu faire quelque chose. Un jour, Laurence retrouve, par hasard, ses cours de psychologie et les notes des stages suivis lorsqu'elle souhaitait perfectionner sa technique de management ; le déclic survient. Elle comprend alors qu'il faut prendre sa vie de femme au sérieux. Et qu'on peut appliquer des méthodes professionnelles à sa vie personnelle. Devant l'absence d'ouvrages sur l'organisation personnelle dans le domaine privé, elle décide d'être une pionnière en France sur ce sujet. Elle vient à peine de démarrer son activité de coaching en organisation quand elle fait la connaissance de Stéphanie.

Très tôt, Stéphanie a commencé à faire des plannings (de devoirs, de télé, de révision). Les respecter relevait d'une autre histoire. Elle était la « bordélique » de la famille, rêveuse, soit-disant « intellectuelle ». Qu'est-ce qu'on ne laisserait pas croire pour ne pas voir les moutons de poussière et la crasse du lavabo… Seulement, quand on explique à ses proches que « quand on sera plus grande », on veut travailler à la maison pour élever ses enfants, il faut assumer ses responsabilités.

Mariée, elle commence alors à chercher la solution pour apprendre à tenir sa maison dans un état fréquentable, sans trop de découragement et d'épuisement. De sites américains en listes de discussion, internet devient sa mine d'idées et de méthodes, qu'elle partage quotidiennement avec plus de mille « bordéliques » en ligne. Sortie du syndrome « j'ai peur qu'on sonne à la porte tellement c'est moche chez moi », elle invite un jour Laurence à boire un thé : la complicité est rapide et évidente.

Bien que leurs vies ne se ressemblent pas, elles ont un point commun : depuis quelques années déjà, elles sont passionnées par l'organisation. Passionnées ? Le mot n'est pas trop fort, puisque Laurence a créé Jara, son agence de conseil en organisation et que Stéphanie est à l'origine de la liste internet la plus visitée de France sur ce sujet.

Pourquoi l'organisation ?

Si vous êtes désorganisée, vous êtes régulièrement débordée par les événements. Les rendez-vous obligatoires se télescopent avec des événements imprévus, vous mettez des heures à retrouver un papier important dans les piles qui encombrent votre bureau, vous fermez à grand-peine vos armoires qui débordent et recevez les visiteurs surprise en fermant toutes les portes pour qu'ils ne voient pas le désordre. Vos enfants sont les derniers arrivés à l'école et vous êtes à court d'excuses quand vous débarquez (encore) une heure en retard chez vos beaux-parents…

Femme au travail, femme au foyer, seule ou en couple, les problèmes d'organisation reviennent avec plus ou moins d'acuité. Mais toujours incontournables. Chacune d'entre nous, à sa manière, a tenté à un moment de sa vie de résoudre les grandes questions qui constituent la vie d'une femme aujourd'hui : être en même temps femme, mère, bonne professionnelle, amie fidèle, déesse du foyer…

Stéphanie et Laurence ont refusé de choisir entre tous ces rôles et décidé de passer de l'étiquette de « bordélique » à celle de maîtresse de leur vie : elles ont décidé de devenir **or-ga-ni-sées** !

Autrement dit, prévoir et planifier juste ce qu'il faut pour transformer chaque événement de la vie (fête, visite de musée, repas de famille, rentrée scolaire, arrivée d'un bébé...) en moment de plaisir et non en fatigue supplémentaire. Répartir astucieusement les activités obligatoires pour profiter au mieux de son temps libre.

Ne pas faire du quotidien une corvée mais intégrer véritablement l'organisation dans un fonctionnement régulier. Pour que les moments libres restent ou deviennent des moments de plaisir ! Enfin, ne pas laisser toute la semaine partir à vau-l'eau sous prétexte qu'un vieux copain débarque à l'improviste ou que Petit Dernier vient d'attraper une gastro-entérite.

Stéphanie et Laurence ont rassemblé et testé au jour le jour toutes les idées de ce guide et tout ce qui leur permet aujourd'hui d'affronter la vie détendues et efficaces. Parole de « bordéliques » reconverties !

Ça vous tente ?

CHAPITRE 1

ORGANISER MON TEMPS

Au programme

- L'habitude, l'habitude...
- Ce soir prépare demain
- La course du matin
- La liste de choses à faire
- Agendas et calendriers
- Un temps pour chaque chose

« Tu n'as pas réussi
À faire de tous les instants de ta vie
Un miracle
Essaie encore »

Eugène Guillevic

Le temps est le bien le plus précieux de tout chef de famille. Le gérer relève de sa compétence la plus importante ! Où, quand, comment faire une liste de choses à faire ? Nos grands-mères avaient-elles tort de décréter « lundi, jour de lessive » ? Comment limiter le stress de la course du matin tout en restant zen le soir ? Ce chapitre installe la structure d'une meilleure organisation : celle qui vous convient.

Votre temps est bien occupé, n'est-ce pas ? Dormir, préparer les repas, se restaurer, prendre soin de soi (hygiène, beauté), se déplacer (à l'école, au travail, pour faire les courses), s'occuper des autres (enfants, couple, parents…), travailler, passer du temps entre amis ou en famille, se détendre (télévision, lecture, loisirs divers), faire du sport, faire le ménage, entretenir le linge, s'occuper des tâches administratives… Même si cela paraît beaucoup, on a toujours l'impression que la voisine arrive à tout faire en 24 heures, elle. Et nous ? On court…

Avez-vous déjà essayé de noter toutes les activités d'une journée ? Faites le test : prenez une feuille de papier et commencez par noter tout ce que vous avez fait depuis ce matin, en indiquant les horaires le plus précisément possible. Continuez jusqu'à ce soir. Puis recommencez demain et, si possible, pendant une ou deux semaines (pour décrypter aussi les week-ends). Ne vous contentez pas seulement d'une « liste de choses faites », indiquez aussi le temps que vous y passez. Si besoin, empruntez le chronomètre de votre fils sportif ou utilisez le minuteur du four à micro-ondes. Ne notez pas que les activités « nobles », n'oubliez pas les heures devant la télévision, les conversations téléphoniques, le temps passé devant l'ordinateur si vous en avez un. Étonnant le résultat, non ? (Voir Tableau 1.1 p. 30)

Regardez où votre temps passe : vous pensiez passer des heures chaque semaine à faire le ménage et en fait, c'est la télévision, ou les trajets qui vous prennent du temps. Ou bien vous découvrez que vous passez un temps important à discuter avec les autres mamans une fois que vous avez amené vos enfants à l'école.

L'habitude, l'habitude...

Pour vous permettre de mieux maîtriser vos journées, nous allons vous faire découvrir une nouvelle amie : l'habitude. Pour vous, l'habitude n'a rien de glamour : c'est répétitif et monotone. Maintenant, apprenez à la découvrir sous un autre angle : examinez vos habitudes, telles que le brossage des dents avant de se coucher, aller boire un café en arrivant au bureau ou bien ouvrir les fenêtres de la chambre quand on se réveille... Ces habitudes-là ne sont plus des choses ressenties comme « répétitives » car vous les faites absolument sans y penser, comme un réflexe. Voilà l'objectif : incorporer à votre vie quotidienne, de façon régulière, ce que vous considériez jusqu'à présent comme des tâches inintéressantes... Pour ne plus y penser.

Tous les soirs, par exemple, vous regardez la fin des informations en vous disant : « Un de ces jours, il faudrait bien que je fasse du repassage, le panier déborde ». Et puis vous pensez : « Oh !, je peux bien faire ça demain en rentrant des courses, ou bien dimanche devant la télévision », et vous oubliez. Et la pile grimpe inexorablement... Imaginons maintenant que vous décidiez une bonne fois pour toute de repasser devant une émission TV que vous aimez bien mais qu'il suffit d'écouter, et que vous regardez régulièrement. Dès que vous entendez le générique, vous dépliez la table à repasser, et vous commencez, sans réfléchir. Jusqu'à ce que la pile soit terminée. Il reste encore un ou deux vêtements au générique de fin ? Soit vous terminez, soit vous savez déjà que vous reprendrez votre fer la semaine prochaine à la même heure. Après tout, c'est ça une habitude.

À noter

Beaucoup de femmes cherchent à s'organiser pour avoir « *plus de temps pour elles* »... et finalement, qu'en font-elles de ce temps ?

Si vous voulez plus de temps, prenez-le, car personne ne vous en fera cadeau : demandez à vos proches de garder vos enfants, quitte à organiser un échange régulier (un couple de vos amis vous confie ses enfants le premier samedi du

mois et réciproquement le troisième samedi), prenez vos jours de congés pour vous, et pas seulement quand votre conjoint est en vacances, osez demander du vrai temps juste pour vous pour vos fêtes et anniversaires (un vrai cadeau de fête des Mères) !

Et quand vous avez une heure ou une journée à vous, réfléchissez à l'avance à ce que vous voulez en faire, préparez votre visite au musée, prenez votre rendez-vous chez l'esthéticienne, réservez votre place de cinéma... ça serait trop bête que vous perdiez une heure précieuse à aller au musée un mardi, simplement parce que vous ne saviez pas que c'était fermé ce jour-là.

Attention, cependant… Vous pourriez être tentée d'essayer de prendre une cinquantaine de nouvelles habitudes pendant la semaine qui vient. Patience, sachez qu'une nouvelle habitude quotidienne se met en place en vingt-et-un jours. Il est toujours préférable d'acquérir une habitude à la fois : commencez par la tâche quotidienne qui vous donnera le plus de satisfaction tangible (la vision éblouissante d'une cuisine toute rangée en rentrant du bureau, quand on a pris soin de tout ranger avant de partir…). Pour plus de facilité, « accrochez » votre nouvelle habitude à une autre. Par exemple, vous avez l'habitude de boire une tisane le soir devant la télé ? Profitez-en pour parcourir votre agenda.

Prenez votre temps, cela en vaut la peine : une fois prise, cette habitude, même perdue quelques jours, reviendra beaucoup plus facilement. Alors, commencez tout de suite, prenez une feuille de papier, repérez le temps que vous prennent réellement les choses (voir encadré p. 24) puis accrochez quelques-unes de ces tâches à vos habitudes existantes.

Ce soir prépare demain

Dans les premières bonnes habitudes à prendre, celles du soir sont souvent les plus satisfaisantes. À ce moment-là, on est encore raisonnablement calme pour penser à la journée trépidante qui s'annonce le lendemain. On peut se construire, comme on le fait pour les enfants en bas âge, un petit rituel du coucher pour passer une meilleure journée.

Collez à vos habitudes déjà en cours (souvent : se mettre en tenue de nuit, se brosser les dents, se démaquiller, se coucher, lire) d'autres petites choses qui vous faciliteront la vie.

Nous vous recommandons particulièrement de :

- regarder votre agenda (vous avez rendez-vous au service du personnel ; votre fille apporte la collation du matin pour toute la classe) ;
- préparer vos vêtements (vous devrez vous déshabiller chez le médecin… ou faire bonne impression à la réunion avec Cher Client) ;
- préparer près de la porte les choses à emporter le lendemain (oui… votre sac à main, vos clefs, la collation du matin et le dossier Cher Client)…

Voici encore des exemples de bonnes habitudes qui font gagner un temps considérable : cirer vos chaussures, préparer votre pique-nique pour le bureau (tout emballé dans le frigo ou dans un endroit frais), les goûters des enfants à l'école, les affaires de piscine, sport, guitare (pour vos enfants et vous-même), installer la table du petit-déjeuner, compléter la liste des courses, retrouver l'ordonnance du médecin, rédiger les petits mots pour la nounou, la femme de ménage, votre mari, vos enfants… et insister le soir auprès des enfants pour qu'ils vous donnent l'autorisation à signer pour la sortie de vendredi. Jusqu'à la première année de collège, nous vous conseillons même de fouiller directement dans les cartables à la recherche des papiers urgents.

Avant, nous faisions tout cela tous les matins, à toute vitesse, en bousculant tout le monde… Maintenant, plus question de démarrer la journée avec cette question qui nous taraude : « Qu'est-ce que j'ai bien pu oublier ? ».

À noter

> Gagner de l'argent en gagnant du temps, c'est...
>
> - avoir un repas prêt à temps au lieu d'appeler le livreur de pizza ;
> - payer ses factures et ses impôts dans les temps pour éviter les pénalités ;
> - ne plus arriver en retard à des rendez-vous de travail importants au risque de contrarier Cher Client ;
> - ne plus rater les meilleurs moments des soldes, ceux où on fait de vraies bonnes affaires et où on trouve encore sa taille ;
> - ne plus acheter de cadeaux au dernier moment en doublant le budget parce que... pas le temps de chercher moins cher.

La course du matin

Voilà. Vous avez préparé votre journée hier soir. Comment bien débuter, maintenant ? Les mères de famille rusées, qu'elles travaillent à l'extérieur ou non, se réveillent une demi-heure plus tôt que le reste de la maisonnée. Cette demi-heure est consacrée à se préparer (douche, petit-déjeuner, à vous de voir) pour être à pied d'œuvre lorsque tout le monde va commencer à vous solliciter. Préparée et habillée, vous êtes fin prête à affronter la vie. Pourquoi ?

Parce que si les enfants ont entamé la danse du scalp autour de votre lit, c'est déjà trop tard : ils contrôlent votre journée. Démarrez à votre rythme, à votre manière. Pensez calmement à votre journée à venir.

L'autre truc vraiment efficace pour gagner du temps le matin, c'est ce que nous appelons la « rampe de lancement ». Dans un endroit très fréquenté de la maison, installez une boîte par personne (cela peut être un tiroir ou une étagère de placard) étiquetée à son nom, dans laquelle vous mettez : les goûters, l'argent de poche, les papiers à rendre à la maîtresse, les cahiers de correspondance signés la veille au soir, les piles du walkman qu'on vous a demandé d'acheter, le ticket de pressing pour que votre conjoint récupère son costume... Bref, tout ce dont votre petite famille a besoin pour bien démarrer la journée. Inutile de courir derrière tout le monde en répétant : « Tu as pensé à prendre ton… ? ». Et plus de porte d'entrée encombrée par les tas successifs que vous avez créés hier soir pour chacun.

La liste de choses à faire

Tout le monde fait des listes… Mais celle-ci est la plus importante.

Réglons tout de suite le problème « Sur quoi je note ? ». Amoureuse de la belle papeterie ou technophile acharnée, faites-la sur le support que vous souhaitez : cahier, bloc, carnet, organiseur électronique, classeur… à la condition expresse de savoir instantanément où la retrouver. Vous devez pouvoir vous y référer à tout moment, ce qui exclut définitivement le dos des enveloppes et des chéquiers. Mettez-la toujours au même endroit, à portée de main et arrangez-vous pour garder à proximité de quoi écrire.

Remplissez-la au fur et à mesure que les idées viennent, vous viderez ainsi votre tête des « Il faut que je… » encombrants. Et surtout, cochez dès que c'est fait. Quel plaisir de voir le travail qui s'accomplit !

Si vous avez tendance à la dispersion (on vous a reconnu !), évitez de faire cette liste sur votre ordinateur. La tentation est trop grande d'enchaîner sur la lecture des courriels, puis d'être toujours devant votre écran deux heures plus tard.

Sur votre liste des choses à faire, vous notez tout, comme ci-dessous.

2 mars :

- <u>appeler le plombier</u>
- vérifier que Surgelshop ouvre bien à 8 h 30 (appeler)
- rappeler copine Marie
- faire photos d'identité de Petit Dernier
- se renseigner sur tarifs des trains
- aller chez le coiffeur

Chaque tâche commence par un verbe. Si vous vous contentez de noter « Surgelshop » voire « Surg », il y a de bonnes chances pour que vous ne sachiez même plus de quoi il s'agit à la fin de la journée.

Inscrivez ce qui doit être fait impérativement dans la journée d'une façon particulière : en rouge, souligné, avec une étoile, comme bon vous semble. Ce sont vos urgences. Pas question de les reporter.

Que faire des tâches importantes mais sans date-limite réelle ? En fait, très souvent, les dates-limite sont cachées : il vous faut les créer pour ne pas être prise au dépourvu.

Voici un exemple, tiré de notre liste ci-dessus. Les photos de Petit Dernier pour son inscription au judo, en septembre. Vous avez jusqu'à la première semaine d'octobre, en réalité, pour passer au Photomaton. Voyez sur votre agenda quand vous pouvez réaliser cette tâche au plus tôt. Oui, oui, au plus tôt. Sinon, nous l'avons toutes constaté au moins une fois, des imprévus vous empêcheront de le faire à la dernière minute.

Quant à vos projets qui commencent par « Un jour, il faudrait que… » ou « Un jour, j'aimerais bien… », ce sont des projets sans date fixe. Notez-les, bien entendu, mais pas sur votre liste des choses à faire. Ne mélangez pas les actions à mener et les autres informations. Ce qui ne doit pas figurer sur votre liste des choses à faire : des numéros de téléphone, en tout cas pas de façon permanente (les recopier sur un carnet d'adresses), les notes de votre prochain exposé/dossier/livre (les inscrire sur un autre type de cahier ou bloc), la liste des entrepreneurs à contacter pour refaire votre salle de bain (à ranger dans la chemise projet « salle de bain »).

Ainsi, chaque soir, pour organiser votre journée du lendemain, prenez quelques minutes pour consulter votre agenda puis votre liste de choses à faire. Vous trouverez donc les choses urgentes dans votre agenda et les autres tâches dans votre liste. À vous de les aborder à votre convenance. Par exemple, tous les appels téléphoniques le matin, le paiement des factures pendant la sieste de bébé…

Je me laisse un message

« Lorsque je suis au travail et qu'une idée concernant ma vie privée me vient, j'appelle mon répondeur à la maison. Je me laisse un message (par exemple, penser au matériel de piscine pour Gabriel) et c'est tout. En rentrant le soir, je prends connaissance de mes messages : j'ai alors une liste toute faite des choses à ne pas oublier pour le lendemain. »

Olivia, 36 ans, directrice commerciale, 2 enfants

Agendas et calendriers

Il vous faut un agenda…

C'est l'outil le plus simple pour noter un rendez-vous ou une obligation. Un seul est nécessaire : le même pour les rendez-vous chez le coiffeur et pour vos réunions de travail, pour le spectacle de fin d'année de Fille Aînée et pour les anniversaires. Un seul. Il vous suit partout, au travail, à la maison, ailleurs…

Vous aimez l'électronique ? Là encore, évitez l'emploi de l'agenda électronique attaché à un ordinateur fixe. Vous ne pouvez pas l'emporter en réunion, n'est-ce pas ? Cela suffit pour l'éliminer (quand on cherche à s'organiser, toutefois).

Quelle forme et quel format choisir pour votre agenda ? Il doit comporter les jours et les heures (pas nécessairement au quart d'heure près). Idéalement, vous pouvez consulter d'un seul regard votre semaine d'une part et votre liste de tâches d'autre part. Vous pouvez également consulter l'année entière d'un coup d'œil. Il doit être le plus vaste possible, en tenant compte de la taille de vos sacs à main. Plus vous affrontez de tâches différentes dans la journée et plus votre famille est nombreuse, plus votre agenda sera grand ou épais (Voir Tableau 1.2, p. 31).

Se déplacer vite et propre

Les déplacements occupent une bonne partie de nos journées, surtout dans les villes, aux dépens de notre très estimée couche d'ozone. Apprenez donc, pour gagner du temps et de l'air frais, à organiser vos temps de transport.

- Commencez par vous déplacer à pied ou à vélo autant que possible : en allant chercher les enfants à l'école à pied, vous évitez les problèmes de parking et gagnez quelques minutes d'exercice physique à moindre frais.
- Utilisez les transports en commun… En plus de limiter la pollution, ils vous offrent un temps pour vous que vous emploierez à lire ou à réfléchir, ou simplement à discuter avec une copine, sans grand risque d'accident.
- Regroupez vos courses. Même si vous êtes allergique aux centres commerciaux, pensez aux économies de temps et d'énergie (la vôtre et celle de la voiture) représentées par un aller-retour de moins au supermarché par semaine, ou une demi-journée hebdomadaire de courses à droite et à gauche au lieu d'une petite course quotidienne à une dizaine de kilomètres.

Le mieux serait d'acquérir un modèle qui vous permettrait par la suite de rajouter des feuilles à volonté (agenda à anneaux). Vous nous voyez venir, peut-être ? Liste de courses, liste de cadeaux, tailles et dimensions diverses… Vous auriez alors sur vous tout ce dont vous avez besoin pour économiser du temps et de l'argent. Cette superbe nappe en soldes ? Plus besoin de revenir une seconde fois au magasin après avoir vérifié la taille de la table de la salle à manger. Ce jeu éducatif ? Plus besoin de faire des efforts de mémoire pour vous rendre compte que Neveu Préféré l'a déjà reçu à Noël dernier.

Sur votre agenda, vous noterez dès le début de l'année tous les anniversaires et les fêtes que vous célébrez chaque année (anniversaires de mariage, de rencontre, Saint-Valentin, Halloween et autres fêtes non chômées – et donc non signalées sur les calendriers en gras !). Au début de chaque mois, vous consulterez ces informations pour les deux mois à venir de manière à vous munir de cartes à envoyer, de cadeaux à offrir et à anticiper les repas somptueux à préparer (ou à noter des numéros de téléphone de restaurant pour réserver !).

Ensuite, vous ajouterez, au fur et à mesure que vous les connaîtrez, tous les événements qui toucheront votre quotidien : jours d'aqua-gym, mais aussi, éventuellement, les jours d'entraînement de votre conjoint au foot si cela vous oblige à faire vos courses sans voiture ce jour-là. N'oubliez pas les vacances scolaires, les sorties de classe, les compétitions sportives, les réunions d'information diverses, les cours de chacun, les grands raouts de votre entreprise (les vœux de Monsieur Boss vous manqueraient, non ?), etc. Une fois les informations provenant de ces bouts de papier notées, libre à vous de les jeter ou, si vous avez besoin d'une invitation pour vous rendre quelque part, de la glisser dans votre agenda.

À tout moment, je sais

« Dans mon agenda/carnet d'adresse/pense-bête qui ne me quitte jamais, j'ai recopié l'emploi du temps de mes deux collégiennes de filles et j'ai photocopié en réduction le planning de mon club de sport. Ainsi, à tout moment de mon emploi du temps irrégulier, je sais à quelle heure sortent mes enfants ou quand je peux aller me défouler. »

Laurence, 40 ans, conseil en organisation, 3 enfants

Vous ajouterez bien sûr, toujours au fur et à mesure, les invitations et rendez-vous acceptés et les fêtes que vous organiserez. Prenez la peine de noter systématiquement à côté du rendez-vous, comme le font les médecins, le numéro de téléphone de votre interlocuteur. Cela prend quelques secondes et fait gagner beaucoup de temps au moment d'appeler pour reporter ou annuler.

Vous pouvez noter sur un calendrier mural, à partir de votre agenda, les événements familiaux qui concernent toute la famille. Pourvu de colonnes (une par personne) ou de grandes cases, il sert de panneau de communication avec les autres pour organiser la vie familiale (pour que votre conjoint ne vous passe pas systématiquement le combiné lors d'une invitation en expliquant : « C'est le grand chef qui maîtrise le programme »). Pensez à le mettre à jour régulièrement, et à écrire li-si-blement (Voir Tableau 1.3, p. 32).

Une fois par semaine, programmez un moment pour prendre le temps d'organiser votre semaine. Choisissez si possible un horaire durant lequel vos proches sont disponibles pour répondre à vos questions et vous communiquer leurs projets.

À noter

Minuteurs et autres chronomètres peuvent vous être d'une grande aide :

- **minuter les tâches pour mieux les programmer par la suite : «** ***Combien de temps ça me prend de passer l'aspirateur dans toute la maison ?*** **» ;**
- **limiter son temps là où on ne sait pas se limiter : «** ***Je mets mon réveil dans dix minutes et pendant ce temps, je regarde mes courriels*** **» ;**
- **se motiver pour faire quelque chose de pas amusant : «** ***Allez, je fais quinze minutes de repassage et je bois un thé*** **» ;**
- **se rappeler ce qu'on est censé faire : «** ***Oh !, j'avais mis le chrono pour dix minutes de rangement, il sonne, et je suis tombée dans un album de photos des enfants...*** **» ;**
- **organiser une course pour les enfants : «** ***Attention, celui qui a rangé toutes ses affaires qui traînent dans le salon au prochain bip choisit la couleur de la pizza de ce soir.*** **»**

N'importe quel objet sonnant et mesurant le temps peut vous servir à ces usages. Abusez-en.

Pour résumer, vous programmez votre temps :

- en fin d'année, pour préparer votre agenda (et votre calendrier) pour l'année à venir en y inscrivant les événements prévus (anniversaires, etc.) ;
- en fin de mois, pour anticiper les événements à venir (acheter les cadeaux, faire une liste de bagages, réfléchir au menu d'une fête) ;
- en fin de semaine, pour gérer vos tâches, vos absences, vos menus (et reporter les informations utiles sur le calendrier mural) ;
- tous les soirs (d'aucuns rajoutent « et tous les matins, parce qu'on a dormi entre temps »), pour vous rappeler tout ce que vous avez déjà organisé ;
- tout au long de la journée, notamment si vous avez tendance à oublier… et à chaque fois qu'on vous donne un rendez-vous.

Comment mon agenda est devenu mon meilleur ami

« Je vis seule avec mes enfants et je travaille à plein temps. J'ai donc peu de marge pour organiser mon temps. Un jour, j'ai remarqué que ma sœur inscrivait sur son agenda dès la rentrée scolaire les samedis sans école et les dates de vacances scolaires, les jours de stage de sport de sa fille, etc. De mon côté, je gardais tous les papiers où ces informations étaient inscrites, et je les perdais régulièrement ! Plusieurs fois, j'ai pris des rendez-vous chez le dentiste pour mes enfants en pensant que ce jour-là était libre : je me fiais à ma mémoire, à tort. Je ne me sentais jamais tranquille, je m'endormais avec le sentiment d'avoir oublié quelque chose. Dès qu'un rendez-vous était oublié, je m'énervais contre moi-même, puisque c'est sur moi que toute l'organisation repose. Alors, quand on m'a donné un agenda de poche l'année dernière, j'ai essayé de m'en servir sans trop y croire. Et là, comme par magie, j'ai eu le sentiment que je prenais possession de mon temps et que les journées s'allongeaient. J'ai tout noté, même mes rendez-vous chez le coiffeur. Résultats : plus de chevauchement d'emploi du temps et la sensation d'exister. Je trouve même du temps supplémentaire pour m'occuper de moi. Je souffle au sens propre comme au figuré. Parfois je consulte sur mon agenda les jours passés et je me remémore tous ces événements. Je me dis alors que j'ai beaucoup de chance d'avoir une vie si bien remplie… »

Magali, 45 ans, assistante commerciale, 3 enfants

Un temps pour chaque chose…

Nos grands-mères avaient quelquefois de drôles d'idées… Par exemple, celle de décréter un jour de lessive par semaine. C'était le lundi. Pourquoi ? La veille, on portait les « habits du dimanche » et on les nettoyait le lendemain, avec le reste du linge. Et on savait que le lundi reviendrait, chaque semaine, avec son savon de Marseille et sa lessiveuse.

Nous abordons ce thème non par nostalgie mais pour vous suggérer d'en faire autant… Pourquoi pas un jour des factures ? Un jour des courses ? Un jour pour s'amuser en famille ? Un jour pour vous ? Un jour pour passer l'aspirateur ?

Selon les circonstances de la semaine : casez les courses le jour où vous ne travaillez que le matin ; le jour que vous vous accordez quand la halte-garderie fait journée continue ; le ménage le jour où vous devez rester à la maison.

Profitons-en pour répondre à la question des tâches récurrentes… Devez-vous inscrire, chaque jeudi, sur votre agenda : « Passer l'aspirateur dans toute la maison » ? La réponse est négative. Soit vous le faites déjà sans y penser, et vous aurez juste à réserver un moment pour cette corvée ce jour-là. Soit vous avez besoin qu'on vous le rappelle (nous y reviendrons dans le chapitre 3). Contentez-vous pour l'instant de noter vos « rituels » sur votre agenda, sans les détailler, à l'horaire que vous vous choisissez, et de déterminer une journée pour votre ménage et une pour vos courses, autant que possible.

Ainsi, progressivement, vous vous bâtissez une semaine composée de tâches urgentes et récurrentes devenues moins stressantes, de tâches importantes devenues planifiées (que vous n'oublierez plus), de loisirs devenus programmés (qui ne seront plus abandonnés en cours d'année).

Ce qui bouleverse votre planning : oublis, interruptions et procrastination

Quand vous constatez le soir que vous n'avez pas fait quelque chose, en général, c'est parce que :

- vous avez reporté à plus tard ou préféré faire autre chose à la place ;
- vous avez été interrompue ;
- vous avez oublié.

Reporter, reporter, reporter

La procrastination est un comportement qui consiste à différer les actions. Autrement dit à remettre les chose à plus tard, ce qui rend ultérieurement ces mêmes actions urgentes. Voire ratées.

Si cela vous arrive souvent, c'est peut-être parce que :

- perfectionniste, ou manquant de confiance en vous, vous préférez attendre plutôt que prendre le risque de mal faire quelque chose. Parfois, c'est vous qui ne voulez pas non plus bien faire, car on pourrait vous demander de faire toujours mieux ;
- vous aimez « jouer avec l'urgence » pour tester jusqu'à quel moment vous pouvez attendre sans en subir les conséquences ;
- vous vous rebellez contre toute contrainte ;
- les tâches que vous vous imposez sont irréalisables ;
- vous pensez qu'on ne peut travailler sérieusement que sur de grandes plages horaires, que vous ne trouvez évidemment jamais dans votre emploi du temps ;
- accomplir une tâche nécessite de retrouver le matériel nécessaire qui, chez vous, n'est jamais à la place que vous attendez.

Dans tous les cas, vous vous retrouvez dans un cercle vicieux. Plus vous procrastinez, plus vous faites les choses dans l'urgence (mal, le plus souvent, reconnaissons-le) et plus vous manquez de confiance pour la fois suivante.

Vous reportez donc encore…

Pour rompre ce cercle, une recette-miracle ne suffit pas, il faut une véritable volonté d'arrêter de procrastiner.

Le jour où vous serez décidée, voici quelques pistes qui pourraient vous aider :

- notez ce que vous avez à faire de manière précise sur votre liste, avec une date limite ;
- engagez-vous devant quelqu'un en qui vous avez confiance (ou dans un forum que vous fréquentez régulièrement sur internet) ;
- partagez votre tâche en petites étapes qui ne durent pas plus de quinze minutes, et commencez tout de suite par la première étape ;
- promettez-vous une récompense au bout de ces quelques minutes. Constatez que ce n'était pas si terrible mais arrêtez-vous, tout de même, comme prévu ;

- reportez-vous au chapitre 3 de ce guide pour rendre votre environnement plus organisé (pour retrouver facilement vos affaires au moment voulu).

J'ai eu un contretemps...

Les interruptions involontaires : nous, les femmes, avons l'impression que nous devons absolument être disponibles pour nos proches, nos amis, nos collègues, nos relations… et puis qui, encore ? Stop. Être interrompue par son fils de deux ans, c'est normal, il a besoin d'aide, allons-y. Accepter toute interruption (copine Marie, Belle-maman, le télémarketing du soir) quand ça nous dérange, ce n'est pas une bonne idée. Surtout qu'on ne s'en sort pas à moins de quarante-cinq minutes avec copine Marie ou Belle-maman ! Vive le répondeur téléphonique quand vous ne voulez pas être dérangée. Personne n'en mourra et de toute façon, vous rappellerez, n'est-ce pas ?

De même, vous avez toujours la possibilité de répondre : « Oui, je te réponds dans cinq minutes, ma chérie, je finis un truc, là », plutôt que de vous précipiter toutes affaires cessantes à la moindre demande.

Quant au typique « Mais où en étais-je ? », normalement, il vous suffit de vous reporter à votre liste des choses à faire. Et si vous vous entendez dire : « Je fais ceci tant que j'y pense », notez-le plutôt, pour vous en occuper quand vous le déciderez.

J'ai oublié !

On pourrait penser que « chose notée = chose non oubliée ». En vérité, chose notée doit être lue régulièrement pour ne pas être oubliée. Reportez-vous régulièrement à vos tablettes personnelles. Pendant que vous appliquez vos habitudes, vous êtes sur pilotage automatique. Mais dès que vous vous dites : « Que dois-je faire aujourd'hui ? Quelles sont mes obligations ? », jetez-vous sur le mode d'emploi de votre journée : agenda + liste, et li-sez ! Si vous êtes du genre à oublier quand même, alors passez à l'artillerie lourde : mettez des réveils à vos heures de départ en rendez-vous et mettez des pense-bêtes aux endroits stratégiques.

À noter

> **Si, à la lecture de ce chapitre, vous avez commencé à vous demander si votre agenda idéal comporterait ou non des spirales, si vous alliez surligner en rose ou bleu et si c'était une bonne idée d'utiliser un agenda électronique avec synchronisation sur votre PC, vous entrez dans la catégorie des perfectionnistes ! En voulant trop bien faire, vous vous compliquez la vie et parfois, vous vous découragez avant même d'avoir commencé. Entre nous, vous voulez vous organiser ? Alors trouvez n'importe quel cahier et commencez. Maintenant. Même si ce n'est pas parfait. Et adoptez ce slogan pour ça et le reste : « *Il vaut mieux en faire un peu normalement que rien du tout parfaitement* ».**

Comment organiser tout ce que vous avez à faire ? (conduite de projet)

Avant de débuter un projet, quel qu'il soit (nouvelle recette à essayer, masque en papier mâché, pose de papier peint, rédaction d'un article, remplissage de la feuille d'impôt…) commencez par réfléchir soigneusement. De quoi aurez-vous besoin pendant toute la durée du projet ? Où et comment allez-vous le réaliser ? Comment estimerez-vous que le projet est terminé et quelles en sont les étapes ? Faut-il prévoir du temps d'attente ? Un avis à demander ?

- Regroupez à un même endroit, devant vous, ce qui vous sera nécessaire puis préparez votre plan d'attaque.
- Démarrez la première tranche de votre projet (ou le projet lui-même s'il doit être réalisé en une fois).
- Déplacez-vous le moins possible pendant la réalisation (sous peine de semer partout ustensiles et instruments).
- Terminez la première tranche ou le projet en question.
- Débarrassez complètement et nettoyez si besoin l'emplacement où vous avez travaillé.

Les phases de préparation et de débarras/nettoyage sont souvent bien plus longues que la phase de réalisation proprement dite. Ce qui est parfois contrariant, mais c'est ainsi. Il suffit de penser au temps passé en cuisine pour Noël ou à la dernière fois que nous avons repeint la chambre !

Pour aller plus loin

Savoyat Bruno, *Les secrets de l'efficacité : En faire plus… en moins de temps*, 3e édition, Paris, Maxima, 2003.

Burka Jane B., Yuen Lenora M., *Comment ne plus être en retard*, Paris, Payot, 2005.

Annexe

Tableau 1.1 – Une manière de noter tout ce que vous faites dans une journée

Heure	Comment ai-je occupé ce quart d'heure ?
6 h 15	Lever, douche
6 h 30	Maquillage, coiffage
6 h 45	Préparer le petit déjeuner
7 h 00	Réveiller les enfants
7 h 15	Habiller les enfants
7 h 30	Petit déjeuner
7 h 45	Chercher mes clefs
8 h 00	Chausser Petit Dernier pour départ à l'école
8 h 15	Au revoir à Petit Dernier
8 h 30	Bain de Pepette oublié hier soir
8 h 45	Chausser Pepette et moi pour départ crèche et bureau
9 h 00	Voiture
9 h 15	Embouteillage…

Tableau 1.2 Une page d'agenda

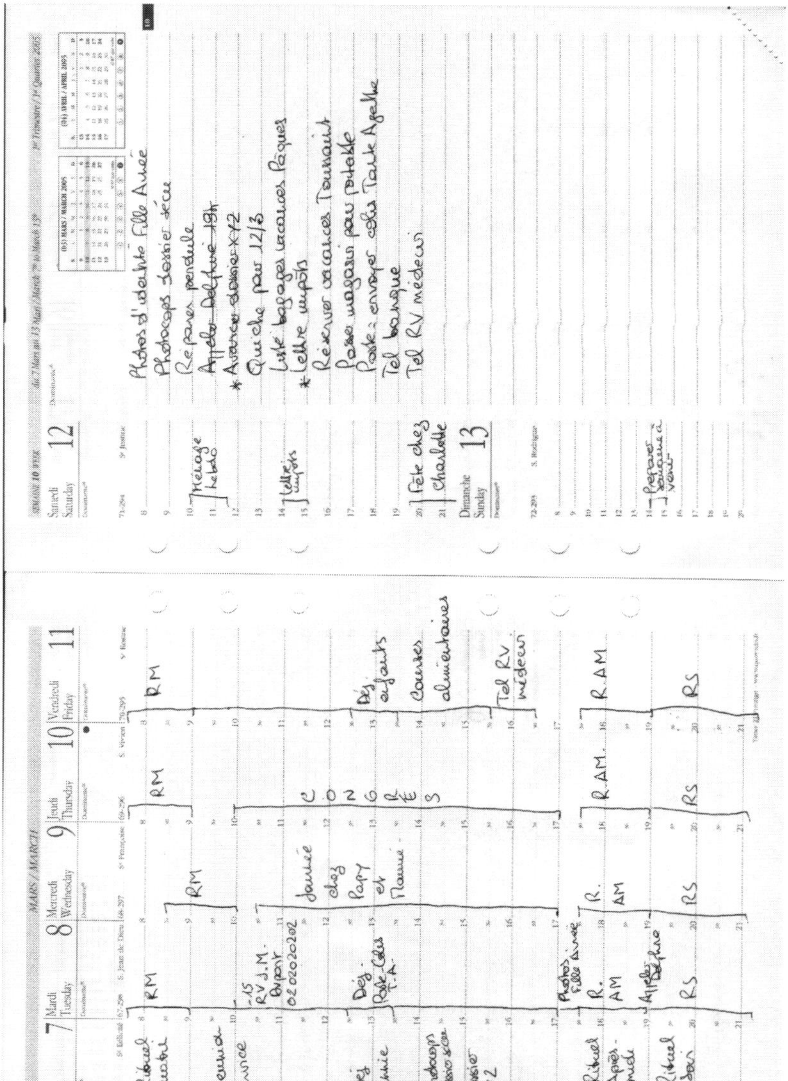

Tableau 1.3 Une page de calendrier mural à colonnes

	Octobre	Maman	Papa	Fille Aînée	Petit Dernier
1	Samedi				
2	Dimanche				
3	Lundi	RV dentiste 15 h 15			
4	Mardi				
5	Mercredi		Pris après-m/RV médecin 17 heures		Centre de loisirs
6	Jeudi	Réunion parents d'élèves 18 heures			
7	Vendredi				
8	Samedi				
9	Dimanche	Anniversaire de Tante Agathe chez Papy et Mamie			
10	Lundi			Pas de cantine !	
11	Mardi				
12	Mercredi				Fabriquer carte Neveu préféré
13	Jeudi	Anniversaire de Neveu Préféré			
14	Vendredi				

15	Samedi			Compét. piscine Gentilly 15 heures	Anniv. Gustave
16	Dimanche				
17	Lundi				
18	Mardi		18 h 30 pot départ Josiane		
19	Mercredi				
20	Jeudi				
21	Vendredi				
22	Samedi			Début vacances Toussaint	
23	Dimanche				Déposer chez Mamie Papy
24	Lundi			Départ stage cirque	
25	Mardi				
26	Mercredi	Soirée en amoureux	RV restau. italien 20 heures		
27	Jeudi				
28	Vendredi			Retour 22 h 30 gare de Lyon	
29	Samedi				
30	Dimanche				
31	Lundi	Halloween		Soirée Halloween	

CHAPITRE 2

RANGER MES AFFAIRES

Au programme

- Loi n° 1 : « Tu ne garderas chez toi que ce qui est beau ou utile »
- Loi n° 2 : « Tu reconnaîtras l'intention derrière les cadeaux sans pour autant les entasser »
- Loi n° 3 : « Tu jetteras et trieras, régulièrement »
- Loi n° 4 : « Tu prévoiras large dans tes rangements »
- Loi n° 5 : « Tu placeras près de toi ce dont tu te sers souvent »
- Loi n° 6 : « Des cinq niveaux de rangement tu t'inspireras »
- Loi n° 7 : « Divise et tu règneras »
- Loi n° 8 : « Ton repérage tu faciliteras »
- Loi n° 9 : « Tes erreurs tu admettras mais aucune punition tu ne t'infligeras »
- Loi n° 10 : « Ta valeur tu reconnaîtras et ton look tu soigneras »
- Loi n° 11 : « Tes achats tu réfréneras et sagement tu acquerras »
- Loi n° 12 : « Une maison ordonnée tu conserveras »

« Une maison attire le désordre aussi sûrement qu'une boîte aux lettres les imprimés publicitaires. »

Sir Terence Conran

Ranger, ranger, ranger... trouver une place pour chaque chose est un casse-tête, que ce soit dans un studio ou dans une maison de douze pièces. Comment ranger les photos, les casseroles, les vêtements, les jouets ? Comment savoir ce qu'il faut garder ? Où ranger les affaires dont on ne se sert pas tous les jours ? Ce chapitre résout l'équation du « comment trouver ses affaires avant de les avoir perdues ».

Ranger, à quoi ça sert ?

- À retrouver ce dont on a besoin quand on en a besoin, maintenant. Et pas à l'issue d'une heure de fouilles archéologiques.
- À déléguer : expliquer une seule fois à Petit Dernier que son bol est toujours dans le placard du milieu et le voir se diriger chaque matin vers le bon endroit, sans devoir intervenir personnellement.
- À « dégager le terrain ». Si vous devez débarrasser la vaisselle de trois repas entassée dans l'évier pour laver votre salade du dîner, si vous renoncez à passer l'aspirateur parce que trop d'objets stagnent sur le sol, si vos invités ne peuvent pas s'asseoir sur le canapé encombré, il est temps de ranger !

Avant que vous ne réorganisiez toute votre maison, notez que le rangement possède ses propres lois, valables pour tous les objets de votre maison : ustensiles de cuisine, jouets des enfants, matériel de travaux manuels, vidéos et disques, livres, chaussures et bottes, vêtements, matériel de bureau, épicerie... tout.

Loi n° 1 : « Tu ne garderas chez toi que ce qui est beau ou utile »

Pour que votre foyer joue bien son rôle de refuge contre les agressions extérieures, les objets qui vous entourent doivent vous plaire vraiment ou être utilisés. Rien de plus déprimant que d'être entourée de choses que l'on n'apprécie pas ou qui ne servent à rien. Tout ce qui est laid, trop vieux ou qui ne vous plaît plus ; tout ce qui est ébréché, cassé (et irréparable), inutile ou bien en surnombre ne devrait pas vous encombrer. Ces objets-là vous volent un espace qui serait bien mieux utilisé pour des choses vivantes et précieuses : vous et vos proches.

Parcourez votre logement avec des yeux neufs et constatez la place que vous prennent tous les objets que vous avez cru devoir acquérir à un moment donné et qui sont restés avec vous alors qu'ils ne vous servent pas ou ne vous plaisent plus. Cet espace est perdu pour tous les objets dont vous rêvez. Et que d'argent gaspillé, quand on connaît le prix du mètre carré !

Alors autorisez-vous à vous débarrasser :

- du troisième service à foie gras offert par Belle-Maman (elle a bénéficié d'une promo, ou quoi ?) ;
- de la machine à pâtes (utilisée deux fois, et dont vous avez perdu le mode d'emploi) ;
- du magnifique... comment appeler ça ? Un truc offert par Tante Agathe avec des trémolos dans la voix. Devez-vous pour autant le conserver, sous vos yeux, toute votre vie ? Eh non, car...

À noter

Les personnes atteintes du « syndrome de l'écureuil » ont tendance à :

- **accumuler des objets que la plupart des gens considèrent comme inutiles ou sans valeur ;**
- **acheter ou accumuler des quantités excessives d'objets de toutes sortes ;**
- **traiter tous les objets accumulés comme s'ils avaient la même valeur, que ces objets aient ou pas une valeur sentimentale, financière ou utilitaire ;**
- **vivre une anxiété intense ou de la détresse quand on essaie de jeter ce que tout le monde considère comme des objets inutiles ;**
- **accumuler par peur d'être « à court », de ne pas pouvoir retrouver une information, de ne pas pouvoir retrouver quelque chose, d'avoir besoin de quelque chose qu'on a jeté « un jour » ;**
- **amasser tant d'objets que les pièces du logement ne peuvent plus être utilisées pour leur fonction initiale ;**
- **perturber significativement le ménage à cause d'un désordre excessif.**

Le remède s'appuie sur des médicaments pour diminuer l'anxiété et augmenter l'attention ainsi que sur la thérapie comportementale, qui se déroule en partie au domicile de la personne.

Loi n° 2 : « Tu reconnaîtras l'intention derrière les cadeaux sans pour autant les entasser »

Par courtoisie, gardez la merveille jusqu'à la prochaine visite de la donatrice. Puis faites-la disparaître (la merveille, pas Tante Agathe !). Invoquez votre légendaire maladresse (pour une fois qu'elle vous sert) ou celle d'un des enfants. Les donateurs comprendront. De même, pour la coupe de badminton de vos quinze ans, le mobile couvert de poussière offert par Copine Marie un jour où elle manquait vraiment d'inspiration. Gardez dans votre cœur la gentille attention de la personne, c'est ça qui compte, après tout.

Oui, nous direz-vous, mais voulez-vous dire que nous devrions jeter ? Jeter, quel gaspillage !

Loi n° 3 : « Tu jetteras et trieras, régulièrement »

Éloigner de vous des objets qui vous encombrent signifie que vous pouvez :

- les donner (amis, famille, bibliothèques, kermesses, associations caritatives…) ;
- les vendre (sites d'enchères sur internet, brocantes, dépôts-ventes…) ;
- les stocker ailleurs (cartons dans le garage, pièces à louer dans un entrepôt…) ;
- les jeter ou les apporter aux déchetteries spécialisées (produits toxiques, objets encombrants…).

Pour ce faire, utilisez la méthode « trois cartons + un sac » :

- carton 1 : à ranger dans cette pièce ;
- carton 2 : à ranger dans une autre pièce ;
- carton 3 : à donner ou à vendre ;
- sac poubelle (50 l) : à jeter.

Choisissez une pièce ou, si votre logement est très encombré, une zone de la pièce, bien définie mais pas trop ambitieuse (par exemple : le plan de travail à gauche de l'évier ou encore le placard de Fille Aînée). Prévenez que vous serez occupée pendant une demi-heure et prenez l'engagement de ne pas décrocher le téléphone s'il sonne.

Commencez par vider complètement un élément (tiroir, étagère, boîte…). Pour chaque objet que vous trouvez, choisissez l'un des cartons ou le sac poubelle. Un objet sera donc à garder et à ranger dans cette même pièce, à garder mais à ranger ailleurs, à donner (ou vendre) ou finalement à jeter. Puis entamez le tiroir suivant…

Ne passez surtout pas d'une pièce à l'autre. Vous déplacer entraînerait inévitablement de la distraction. Vous vous mettriez à ranger un peu de ci, un peu de ça, « Tant que j'y suis », « Tant que j'y pense », ce qui vous ferait perdre l'objectif de vue et vous épuiserait à coup sûr.

Procédez ainsi pendant trente minutes maximum (pensez au minuteur). Puis faites une pause car le tri est une activité fatigante et parfois émotionnellement difficile (photos, lettres…).

Une fois les trente minutes écoulées, vous transportez le carton « À ranger ailleurs » hors de la pièce pour rangement ultérieur. Vous fermez et stockez le carton « À vendre/donner » loin de vous en attendant de procéder au don ou à la vente de ce qu'il contient. Inscrivez dessus de quoi il s'agit pour ne pas devoir l'ouvrir de nouveau. Et fixez de suite une date sur votre agenda pour organiser la vente ou la remise des objets. Vous fermez et jetez le sac poubelle (ne fouillez pas dedans, sinon vous serez tentée de tout récupérer !).

Reprenez si vous le souhaitez, mais toujours par tranches de trente minutes. Ou continuez demain ou la semaine prochaine. Après tout, vous n'avez pas accumulé tout ceci en un week-end…

À l'issue de votre séance de tri, il vous reste donc un, voire plusieurs cartons (si votre séance de tri a été intense) remplis d'objets que vous souhaitez conserver et ranger dans cette pièce.

Trier les photos

Le principe : ne conserver que le meilleur… et trier.

- Éliminez les photos ratées (yeux rouges, cadrage étrange, flou, lumière insuffisante) et celles dont seul le photographe sait qui est la personne en bleu, au fond à droite. Éliminez aussi les photos de personnes dont vous ne vous rappelez plus le nom et, enfin, les doubles.
- Identifiez précisément le contenu des photos (date, lieu, personnes).
- Classez suivant un ordre logique pour vous. Exemple : créez un tas « Carcassonne, été 1998 », ou un tas « Fêtes de fin d'année école primaire ».
- Glissez dans une grande enveloppe à leur nom les photos que vous avez l'intention de donner à vos proches.
- Trouvez des contenants qui vous plaisent (boîtes, albums...), maintenant que vous savez quel volume chaque tas représente.

Ranger les œuvres d'art enfantines

Problème d'arithmétique : à raison d'un dessin (minimum) par jour et de quarante constructions par an pendant huit ans (maternelle et primaire), combien de mètres carrés une mère dévouée de trois enfants devrait-elle prévoir si elle gardait tout ?

- Gardez toutes les œuvres pieusement, dans un premier temps.
- À la fin des vacances d'été, reprenez les œuvres avec chaque enfant, et faites le tri avec lui. Ne pas oublier de souligner combien ses talents ont progressé en un an. Il acceptera certainement de se débarrasser des « moins beaux ».
- Vous pouvez photographier les œuvres en trois dimensions, avec votre enfant à côté, posant fièrement.
- Reprenez ensuite, mais sans les enfants cette fois, les œuvres et cahiers de l'avant-dernière année et éliminez-en un tiers ou la moitié.
- Procédez ainsi chaque année. Quand il ne vous restera plus que quelques œuvres majeures par année, vous prévoirez un carton étiqueté « souvenirs d'école » et vous choisirez entre le confier à chaque enfant quand il quittera la maison ou le garder au grenier.

Loi n° 4 : « Tu prévoiras large dans tes rangements »

Une fois triées, appréciez vos possessions : des objets qui vous sont chers et des ustensiles qui fonctionnent ! Soulagée, vous pouvez à présent les grouper par usage.

Attention, vos fournitures de bureau ne sont pas forcément à ranger avec les crayons de couleur et les feutres de Petit Dernier, même si ces deux groupes d'objets contiennent de quoi écrire. En effet, dans un cas c'est vous qui écrivez, dans l'autre, c'est Petit Dernier qui dessine et oublie de remettre le bouchon. La vaisselle de tous les jours ne va pas forcément avec la vaisselle d'apparat, même si constituer des piles d'assiettes peut sembler à la fois logique et amusant.

En fait, pour le moment, pensez plus à l'usage que vous allez faire des objets plutôt qu'à leur aspect ou l'endroit où ils « devraient » être rangés.

Une fois vos groupes réalisés, vous constatez que chacun occupe un certain volume et présente des formes différentes. Maintenant seulement, préoccupez-vous du contenant. Pour estimer la taille des objets à ranger, inspirez-vous des listes en fin de ce chapitre. Non, tout ce qui a une forme semblable ne doit pas être au même endroit (parfois, mais pas toujours). Non, la jolie boîte de Tante Agathe n'est pas forcément idéale pour emballer tout ça (ne mettez pas la charrue avant les bœufs).

Commencez par estimer le volume de votre tas. Notez globalement les différences de taille et de forme, tout de même, vous en aurez besoin ultérieurement. Ajoutez un tiers de plus à ce volume. Cette règle du tiers de volume en plus est valable pour tous vos choix de contenants : boîtes, armoires, étagères, tout. Si vous ne l'appliquez pas, vous êtes sûre de voir surgir progressivement des rangements annexes, débordants, que vous espérez transitoires mais qui risquent de durer et qui génèreront le désordre.

Calculs à court terme

« Un dimanche, pleins de bonnes résolutions, nous avons foncé chez Ikérama pour acquérir cette superbe bibliothèque conçue exprès pour nos cassettes vidéos et DVD (c'était marqué dessus, on ne pouvait pas se tromper). Nous l'avons installée dans la foulée, les enfants dansant la gigue autour de nous. Parfait, elle allait contenir toutes les vidéos que nous possédions. Exact. Et pour toutes celles que nous avons achetées depuis... eh bien, pour le moment, elles sont empilées à côté de l'étagère ! »

Fabrice, 39 ans, 3 enfants

Loi n° 5 : « Tu placeras près de toi ce dont tu te sers souvent »

Les types de rangement dépendent de la fréquence à laquelle vous vous servez des objets.

Une chose utilisée tous les jours ou plusieurs fois par jour (brosse à dents, éponge, stylo) doit être rangée quelque part à une hauteur comprise entre votre taille et vos épaules et, cela va sans dire, à portée de main.

Placez vraiment près de vous ce qui vous sert beaucoup puis, de plus en plus loin (en hauteur, vers le bas, en profondeur, dans une autre pièce) ce dont vous vous servez moins souvent. Par exemple, ce pot à crayon contenant vos deux stylos préférés sera posé sur votre bureau, et le reste des fournitures, moins utilisées, dans un tiroir au-dessous. Veillez à limiter les rangements acrobatiques ou trop complexes et multipliez les étiquettes pour vous y retrouver.

Rangements ouverts (étagères) ou fermés (placards), cela n'a pas d'importance. C'est principalement une question de goût et de sensibilité à la poussière.

Loi n° 6 : « Des cinq niveaux de rangement tu t'inspireras »

Le nombre de mouvements nécessaires à la prise et au rangement d'un objet détermine la probabilité que votre rangement fonctionne. Autrement dit, plus un objet est compliqué à ranger, moins il a de chance d'être remis à sa place. Il existe cinq niveaux de rangement, chacun correspondant au nombre de mouvements à effectuer pour attraper et remettre à sa place un objet.

Un mouvement

Laisser tomber l'objet là où il est. C'est ce que pratique un bébé de 13 mois… Peu recommandé pour qui souhaite une maison ordonnée.

Deux mouvements

Poser le crayon dans un pot à crayons (pas trop plein), poser une spatule dans un pot près de la cuisinière, ouvrir un tiroir et mettre l'ouvre-boîte dans une case, ouvrir une porte de placard et poser une tasse sans devoir déplacer quelque chose, glisser les CD sur une étagère, ranger un livre dans une bibliothèque (pas trop pleine). Ce sont les rangements les plus évidents, ceux qui vous demandent le moins d'effort et donc les plus susceptibles de durer dans le temps. Conviennent bien pour les enfants.

Trois mouvements

Ouvrir une porte de placard, déplacer quelques assiettes pour ranger la vôtre au-dessous. Faire glisser une porte de penderie et tirer un tiroir pour choisir vos chaussettes. À ce niveau de rangement, également à la portée des jeunes enfants, les objets sont moins visibles.

Quatre mouvements

Ouvrir une porte de placard, saisir une boîte, ouvrir son couvercle et ranger vos collants dedans. Monter sur un escabeau, ouvrir le placard du haut, pousser les palmes et prendre le panier de pique-nique. Attention, une motivation forte et un bon étiquetage commencent à devenir nécessaires. Ce sont des rangements pour lesquels vous (ou vos proches) risquez d'éprouver un fugace « j'ai la flemme de le remettre à sa place ». À prévoir pour des objets à usage moins fréquent que les deux niveaux précédents.

Cinq mouvements et plus

Réservez-le aux rangements saisonniers, annuels, ou en attente de partir vers une brocante, par exemple. Les guirlandes de Noël, les matelas de plage, les décorations de Pâques, le service à thé dépareillé de tante Agathe… Ici, l'étiquetage est impératif. En effet, sur le coup, vous savez très bien ce que contient ce carton. Dans six mois, lorsque deux autres cartons se seront empilés sur le premier, ce sera comme si les objets qu'il contenait étaient perdus corps et bien. Vous n'aurez pas le courage de tout retourner pour y accéder et vérifier si le service à thé de Tante Agathe y est effectivement entreposé. Marquez sur trois faces des cartons le contenu de ceux-ci, de manière aussi explicite et détaillée que nécessaire. Une étiquette « divers » ou « Fille Aînée » ne vous renseigne pas assez.

Nous vous recommandons de mettre en place des rangements de niveaux compris entre 2 et 4. Pourtant, il n'existe pas de rangement « idéal », standard. Un bon rangement, est forcément un compromis entre emplacement, place disponible et goûts de la famille. Par contre, ce n'est pas seulement une question de budget ni d'espace disponible. Sinon, seuls les rentiers, propriétaires de maison de plus de cent cinquante mètres carrés seraient organisés !

Loi n° 7 : « Divise et tu règneras »

Ne soyez pas trop conventionnelle. Adaptez vos rangements à votre manière de vivre. Si vous lisez quotidiennement les magazines dans votre lit, pourquoi s'obstiner à vouloir les ranger au salon ? Si vos enfants font régulièrement de la pâte à modeler à la cuisine, y a-t-il un tiroir disponible pour la ranger ?

Notez toutefois quelques cas particuliers comme celui des ciseaux ou des produits d'entretien : puisque vous avez besoin de ciseaux à la cuisine, au garage et sur votre bureau, il vous faudra trois paires de ciseaux, chacune à l'endroit où vous l'utilisez. Sans quoi, votre unique paire ne retournera jamais à son lieu de départ.

Reprenons donc notre tas d'objets hétéroclites dont vous avez décidé qu'ils resteront dans cette pièce. C'est ici que les formes des objets interviennent. Votre imagination et votre goût entrent également en jeu. Vous trouvez le plastique coloré pratique et amusant ? À vous les boîtes de toutes tailles et de toutes couleurs. Vous appréciez le contact des matières naturelles ? À vous les paniers tressés et les boîtes en bois. Vous voulez des rangements verticaux ? Excellent pour les feuilles A4. Vous aimez les tiroirs suspendus ? Parfait aussi.

En tout cas, il vous faut **diviser** le plus possible vos rangements. Prenez exemple sur les organiseurs de tiroir de bureau. Grâce à ces casiers, vous trouvez dans un même casier : une case pour petits objets (trombones, agrafes), une case pour les objets oblongs (stylos, crayons) et une case carrée (Post-it®). De même pour les ustensiles de cuisine : tout ce qui sert à ouvrir dans une case (ouvre-boîte, décapsuleur), tout ce qui est long dans une autre (spatule, cuiller en bois, longs couteaux), les petits objets (pince à céréales, bouchons...) dans une autre, etc.

On trouve ces diviseurs de tiroirs dans les magasins de fournitures de bureau ou de cuisine, mais vous pouvez aussi bien collectionner les boîtes (chaussures, chaussures d'enfants, mais aussi découpages de boîtes alimentaires...) pour cet usage.

Entre nous, jamais la maxime « diviser pour régner » n'a eu plus de signification que dans une chambre d'enfants : essayez de ne pas ranger les PlayMove avec les briques de construction, même si vos créatifs bambins les mélangent allègrement en jouant.

À noter

> **Une fois que vous aurez bien déterminé de quel rangement vous avez besoin, rien ne vous oblige à filer chez Ikérama pour dépenser votre salaire mensuel en porte-chaussettes et autres caisses à trombones. Commencez par explorer votre propre maison à la recherche de rangements de récupération, dont voici quelques exemples que vous compléterez vous-mêmes : bacs à glaçons pour petits objets, petites boîtes en carton ou métal, petits pots de bébé, bocaux, boîtes à chaussures, boîtes de lait pour bébé, bocaux en plastique (idéal pour les petits jeux dans la chambre des enfants), paniers en plastique (vendus avec les fraises ou les champignons), cagettes de marchés, cartons de déménagement, boîtes de glace, boîtes à cigare...**

Loi n° 8 : « Ton repérage tu faciliteras »

Pensez à l'étiquetage : sur la tranche visible des étagères à l'intérieur d'un placard (lit enfants/lit adultes), sur les cartons (vêtements fille 3-6 mois), sur les boîtes (photos Noël 1999), sur les tiroirs des petits (une image de PlayMove pour ceux qui ne savent pas encore lire indiquera le tiroir des PlayMove), sur les classeurs et les chemises cartonnées, bref partout.

Loi n° 9 : « Tes erreurs tu admettras mais aucune punition tu ne t'infligeras »

Connaissez-vous les fautes de shopping ? Robe en soldes impossible à porter, ustensile acheté en double parce que l'autre est introuvable... Les armoires en regorgent ! Vous attendez de trouver le petit chemisier qui ira avec cette jupe, d'avoir perdu quelques kilos, que « ça » revienne à la mode...

Regardons les choses en face : cette blouse, achetée sur un coup de tête et dont la transparence ne va avec rien, ce pantalon en cuir hors de prix qui vous boudine, devez-vous les garder ? C'est vrai, vous les avez payés cher et vous regrettez. Et alors ? Ce n'est pas une raison pour vous infliger jour après jour la punition de les avoir sous les yeux.

Même chose pour ce tableau qui ne va sur aucun mur, et cette chaise qui plaisait tellement à votre mère : offrez-la lui !

Loi n° 10 : « Ta valeur tu reconnaîtras et ton look tu soigneras »

Justement, tant que nous en sommes aux choses sérieuses, parlons de look.

Regardez attentivement les vêtements dans lesquels vous vous sentez bien et qui vous ont valu des compliments divers. Ces vêtements que vous mettez et remettez, constituent à l'évidence votre garde-robe. Les autres, ceux qui grattent, qui sont trop tachés ou décolorés, dont la couleur ne vous va pas, qui sont mal finis (boutonnières qui pendent, parties métalliques qui s'oxydent…), que vous n'arrivez pas à assortir (trop provocants, couleur très bizarre…) desservent votre image. Ne gardez qu'un exemplaire de pantalon avachi et de sweat-shirt vieillot « pour bricoler » et débarrassez-vous du reste. Pour vous aider à faire le tri, imaginez chaque matin, que vous pourriez rencontrer le Prince Charmant : voudriez-vous qu'il vous croise en tenue crapoteuse, si peu à votre avantage ? Non, n'est-ce pas ? Alors, il ne serait pas juste d'infliger cette vue à celui qui est votre Prince Charmant depuis des années ou même à votre patron.

Même remarque, bien entendu, pour les accessoires : sac à main décoloré dont la poignée craque, chaussures éculées et mal cirées, foulard qui perd ses franges… Allons ! Vous valez mieux que ça ! Et votre penderie vous dira merci.

Loi n° 11 : « Tes achats tu réfréneras et sagement tu acquerras »

Tenez compte de ce qui vous va et va à votre maison. Votre intérieur est design (donc ni zen, ni rustique). Vous aimez les jeans serrés et les hauts à bretelles (donc pas les petits tailleurs tendance). Vous portez bien le noir et le rouge (et mal le jaune et le vert). Alors n'encombrez pas vos armoires et caves de sweat-shirts jaunes, de bas résille ou de buffets normands ! Ce qui vous va vous attirera de nouveaux compliments et le reste… que des regrets et des dettes !

Les coups de cœur des soldes, vite essayés à l'heure du déjeuner, ont toutes les chances d'encombrer votre penderie sans jamais être portés. Car, selon l'adage : « Achat pas cher au placard, moins de sous dans mes tiroirs ».

Gardez plutôt sur vous (dans votre agenda à feuilles libres – *voir chapitre 1*) la liste des vêtements qu'il vous faut : un chemisier blanc comme cela, un t-shirt comme ceci, une paire de collant de cette couleur, en accord avec votre garde-robe existante. Préparez également une liste par magasin (bricolage, jardinerie, vêtements d'enfants, magasin bio, décoration, loisirs créatifs…), que vous complétez au fur et à mesure de ce qui vient à vous manquer. Ainsi, la prochaine fois que vous irez chez BricoService, vous n'achèterez que ce dont vous avez besoin. Pour finir, si vous avez tendance à accumuler, évitez les pièges à bazar que sont les brocantes, vide-greniers, soldes, foires à tout, etc.

Et, d'une manière générale, pour tous les objets que vous croisez, lorsqu'un nouvel objet entre chez vous, un ancien doit sortir (particulièrement vrai pour les catalogues, revues, menus de plats à emporter, chaussures et tasses publicitaires). Après tout, votre espace de vie n'est pas extensible.

Loi n° 12 : « Une maison ordonnée tu conserveras »

Comment conserver une maison rangée ?

Adopter quelques nouvelles habitudes

- Commencez par déterminer vous-même comment devrait être votre maison, une fois rangée. Prenez une photo si besoin. Tout le monde ne se sent pas à l'aise dans un environnement aussi minimaliste qu'une cellule de moine. Une fois déterminé votre objectif, appliquez-vous à rejoindre cet « idéal » personnel au moins une fois par jour. Et non une fois par an.
- Ramassez ce que vous croisez au lieu de passer simplement devant. Ranger un peu tous les jours est plus efficace que d'entasser pendant des semaines et de faire de grands « blitz » qui vous dégoûteront du rangement pour les mois à venir.
- En quittant une pièce, jetez un regard rapide autour de vous : pouvez-vous emporter les verres et le paquet vide de biscuits vers la cuisine en quittant le séjour ? Oui ? Alors, n'hésitez pas. D'une manière générale, faites le tour de chaque pièce le soir et remettez les choses à leur place.
- Créez des habitudes de rangement qui s'intègrent à vos habitudes de vie. Par exemple : après le dîner, débarrassez la table et allez jusqu'au bout, c'est-à-dire, faites la vaisselle et rangez plats et ingrédients.
- Manipulez chaque objet le moins possible. Tout ce que vous posez là, « pour l'instant » est un début de fouillis. Car il faudra, à un autre moment, reprendre cet objet en main pour le mettre ailleurs : c'est comme faire deux fois le même travail.
- Lorsque vous rentrez chez vous, ne posez pas votre manteau en vrac sur une chaise et vos chaussures en tas dans l'entrée, par-dessus les baskets de Petit Dernier qui a lui-même jeté sa doudoune au sol au pied de l'escalier. Poursuivez jusqu'au placard, rangez vos chaussures et suspendez votre manteau. Ou installez patère et paniers dans l'entrée.

Trier périodiquement

Tous les ans :

- l'armoire à pharmacie. Scotchez à l'intérieur de la porte du placard un papier comportant la date du jour où vous avez trié. Ainsi, dans un an, vous n'oublierez pas de recommencer ;
- les produits d'entretien et phytosanitaires maison et jardin.

Tous les six mois :

- le contenu alimentaire de la cuisine ;
- vos vêtements été/hiver. La règle d'or est : tout ce que vous n'avez pas porté l'année passée a très peu de chances d'être mis l'année prochaine.

Plusieurs fois par an :

Les vêtements des enfants. Dès 8 ans, on peut le faire avec eux. Faites-leur faire deux tas : un tas des « *je n'aime pas/ça ne me va plus/ça me gratte/...* » et un tas des « *j'aime et je porterai* ». Vos placards seront bien nets, après ça. Ce qui est trop petit ira dans un carton que vous proposerez au cadet si taille et sexe correspondent (c'est rare) ou à une amie pour ses enfants.

Toutes les semaines :

- le contenu du réfrigérateur ;
- le contenu des cartables ;
- le contenu de votre sac à main ;
- le dessus de votre bureau ;
- le panier à magazines/journaux/catalogues, si vous en achetez souvent.

- Finissez ce que vous commencez et ne faites qu'une chose à la fois. Il est vrai que les femmes sont réputées multi-tâches (par la force des choses, nous semble-t-il) mais que d'objets laissés en plan, de réponses hâtives et d'énervement avons-nous générés avec cette manie de faire plusieurs choses à la fois !
- Procurez-vous ce qui est nécessaire pour réparer les objets cassés. Attention, ne soyez pas trop ambitieuse ! Si vous n'avez pas vraiment l'intention de réparer ces objets, de suite ou demain au plus tard, vous ne faites que contribuer au fouillis en ajoutant encore colle, pâte à bois, scotch double face… aux objets qui vous encombrent déjà. Alors, peut-être vaut-il mieux se débarrasser des objets cassés…
- Usez et abusez des paniers et plateaux pour déplacer « en masse » des objets d'une pièce à l'autre de votre logement : le soir, de la

salle à manger à la cuisine, par exemple. Attention toutefois : ça ne doit pas être un lieu de stockage supplémentaire !

- Souvenez-vous qu'un rangement n'est jamais définitif : vos occupations, et la taille de la famille changeront. Vous devrez alors vous adapter et revoir vos rangements.
- Faites savoir que vous ne souhaitez pas que l'on vous offre des objets encombrants (même très utiles, même très beaux) sans votre accord préalable. Une yaourtière, un wok, un ustensile à crêpes ou à raclette, un cuit-vapeur à trois niveaux, un très gros « mixer » ou une machine à pain sont des objets certes désirables mais très très encombrants.
- Indiquez à chacun où vous rangez les choses ou montrez les étiquettes si vous ne voulez pas ranger derrière tout le monde et répétez, répétez, répétez !

À noter

Le bazar sert souvent de pense-bête. Nous sommes toutes tentées, à un moment où à un autre, de placer les objets sous nos yeux, pour « *y penser* », « *ne pas oublier* ». On pose ici les chaussures « *à emmener chez le cordonnier* », près de la porte le journal « *à lire dans le métro* », là le grille-pain qu'on doit montrer à Neveu Quibricole... Ce comportement ne fait que créer des piles d'objets, qui, paradoxalement, dissimulent ce qu'on voulait garder en vue. La décision (je range/je jette/je trie) est parfois difficile à prendre. Il peut être utile dans ce cas de noter ce que l'on craint d'oublier sur son agenda ou sa liste de choses à faire (voir chapitre 1).

Petit déjeuner en boîtes

« Chez moi, tout ce qui sert au petit déjeuner est rangé dans des grosses boîtes en fer carrées (des boîtes à biscuits bretons), sans couvercle. Le beurre, les compotes, confitures, yaourts et fromages sont dans une boîte rangée dans le frigo. Et les biscottes, biscuits, céréales, miels et pâtes chocolatées sont dans une autre boîte sur une étagère. Le matin, je pose un plateau sur le lave-vaisselle et j'y pose directement les tasses et couverts de chacun. J'apporte le plateau devant la cafetière et la bouilloire pour remplir les tasses. Je prends mes deux boîtes et en quelques mouvements, le petit déjeuner est sur la table. Ça va aussi vite de tout débarrasser. »

Noëlle, 30 ans, mère au foyer, 3 enfants

Pour aller plus loin

Thomass Chantal, *À chacune son style*, Paris, Flammarion, 1998.

Pierson Marie-Louise, *Valorisez votre image*, Paris, Eyrolles, 2004.

Annexe

Voici quelques dimensions à connaître.

Les livres

Nous vous recommandons de ranger vos livres par format.

En effet, il ne serait pas rationnel de ranger des livres de poche sur une étagère de 40 cm de profondeur : vous perdriez de la place (*voir la note ci-dessous*). Puis, rangez vos livres par thème, si votre bibliothèque s'y prête, et finalement par auteur.

Résistez au rangement par couleur de couverture, même si cela vous semble attractif esthétiquement. Il est très rare que cela puisse permettre un rangement efficace.

Livres de poche :
Hauteur : 19 cm
Profondeur : 13 cm

Livres ordinaires :
Hauteur : 25 cm
Profondeur : 20 cm

Livres d'art :
Hauteur : 30 cm
Profondeur : 35 cm

Revues, albums d'art, dictionnaires, encyclopédies :
Hauteur : 35 à 40 cm
Profondeur : 30 à 35 cm

À noter

> **Si vous souhaitez ranger des livres de poche ou ordinaires sur des étagères de 35 cm à 40 cm de profondeur, il faut poser des demi-étagères amovibles pour les livres qui seront au fond. Vous obtenez deux rangées de livres, la rangée du fond étant plus haute (10 cm à 15 cm) que la première rangée : ainsi, vous voyez les couvertures des livres du fond et pouvez les atteindre facilement.**

Les vidéos et CD

DVD simple : 15 cm x 20 cm x 2 cm

DVD coffret : 15 cm x 20 cm x 4 cm

Cassettes vidéo : 14 cm x 21 cm x 4 cm

CD : 15 cm x 15 cm x 1 cm

Pensez aux coffrets dont les dimensions peuvent aller jusqu'à 15 cm x 30 cm x 5 cm.

L'équipement du bureau

Voici la place qu'occupent les contenants à papiers.

Dossiers suspendus (chaque) :
Largeur : 36 cm
Hauteur : 35 cm
Profondeur : 40 cm

Classeurs en carton :
Largeur variable
Hauteur : 33 cm
Profondeur : 27 cm

Casiers à papier format A4 (21 x 29,7 cm) : 25 cm x 35 cm

Enveloppes : 20 cm x 12 cm ou 18 cm x 15 cm

Chemises cartonnées : 28 cm x 38 cm

L'habillement – la penderie

Quelques rappels pour calculer le volume de votre penderie :

- sa profondeur doit être de 60 cm. Ou bien on utilisera des tringles télescopiques, à condition d'avoir 60 cm de largeur disponible ;
- en largeur, on compte environ 70 cm par personne. Pour mesurer la hauteur, on mesure le vêtement le plus long et on ajoute 15 cm pour la tringle et le cintre.

Pensez, si vous le pouvez, à installer une surface plane à proximité (commode, plan de travail rabattable, voire fauteuil) pour vous permettre d'y poser des vêtements en attente de rangement.

Les chaussures

Homme, par paire :
Largeur : 20 cm
Longueur : 30 cm

Femme, par paire :
Largeur : 25 cm
Longueur : 30 cm

Profondeur de 35 cm à 40 cm, si vous rangez vos chaussures à plat.
Profondeur de 30 cm à 32 cm, si vos rangez vos chaussures inclinées.
Hauteur pour un rangement à plat : 12 cm à 15 cm.

CHAPITRE 3

RÉPARTIR LES TÂCHES MÉNAGÈRES

Au programme

- Inventaire… à la Prévert
- Petits rituels quotidiens
- Tâches hebdomadaires
- Ménage approfondi, au fur et à mesure
- Gagner du temps en faisant le ménage
- L'entretien du linge

« *Entre ma femme et moi, le partage des tâches ménagères est équitable : c'est moi qui les fais, c'est elle qui les nettoie.* »

Philippe Geluck

Activités récurrentes par excellence, les tâches ménagères sont pour beaucoup les plus ennuyeuses. Mais le grand ménage de printemps, et son cortège de lumbago et de crise de nerf, n'est pas une fatalité. Ce chapitre vous aide à rendre les corvées les plus simples et les plus rapides possible.

Inventaire... à la Prévert

Avez-vous conscience de tout ce que vous arrivez déjà à faire dans une journée ? Et de tout ce que vous devriez faire ? C'est l'heure de faire le diagnostic de votre maison et de préparer un « plan de ménage ». Commencez par prendre autant de feuilles de papier que vous avez de pièces dans votre habitation. En haut de la première, notez le nom de la pièce dans laquelle vous vous trouvez. En dessous, faites un tableau de quatre colonnes. Fixez votre feuille de papier sur un support, armez-vous d'un stylo tout-terrain et faites le tour de la pièce.

Dans la colonne la plus à gauche, notez toutes les tâches ménagères que vous devez faire dans cette pièce. Détaillez. Ne notez pas : s'occuper du bureau, mais plutôt : débarrasser le bureau, nettoyer la surface du bureau, trier le bloc de tiroir gauche, trier le bloc de tiroir droit, nettoyer l'écran de l'ordinateur, dépoussiérer l'imprimante, nettoyer la souris, nettoyer le clavier. Pour chaque pièce, entrez dans le détail sans oublier l'aspirateur, le balai, les traces sur les murs, les vitres, la poussière en haut de l'armoire, l'exploration derrière le canapé, etc. Faites cette liste pour chaque pièce de votre maison, même si ça vous prend du temps et que vous devez le faire en plusieurs fois.

Ensuite, dans la deuxième colonne de chaque page, notez la fréquence à laquelle vous pensez qu'il faudrait accomplir cette tâche. Vous aurez donc là des tâches quotidiennes, hebdomadaires, mensuelles et trimestrielles, semestrielles et annuelles... Ne soyez tout de même pas trop exigeante avec vous-même. Nettoyer la souris tous les jours est inutile. Mais, selon les capacités salissantes de votre maisonnée, vous devinerez qu'avec deux enfants de moins de cinq ans qui jouent avec l'ordinateur, l'écran a besoin d'un petit coup une fois par semaine... à moins que vous aimiez taper vos courriers administratifs en flou.

Impossible pour nous de vous donner des indications précises sur la fréquence idéale pour passer l'aspirateur ou pour user de la serpillière dans la cuisine... Tout dépend de votre famille : si vous passez beaucoup de temps à la maison ou si vous êtes toujours à l'extérieur, si vous avez plusieurs enfants en bas âge qui font des miettes ou si vos grands ne mangent des gâteaux que dans leurs chambres, si votre chien revient du jardin couvert de boue ou si personne ne rentre dans votre appartement zen avec des chaussures aux pieds. Un conseil cependant : si vous faites partie de ceux qui ont accumulé un « certain retard » de ménage, choisissez des fréquences rapprochées au début, il sera temps de les modifier plus tard, quand vous ne ferez que de « l'entretien ».

Dans la troisième colonne, tentez d'évaluer la durée de la tâche à accomplir. Peut-être avez-vous déjà commencé à chronométrer certaines d'entre elles, comme conseillé au chapitre 1. Nous savons à quel point l'estimation est délicate, c'est pourquoi vous aurez intérêt à l'inscrire au crayon à papier. En effet, si vous avez laissé certaines tâches de côté pendant longtemps, elles seront bien plus longues la première fois. Par exemple, si vous n'avez pas lavé la plaque du four pendant une année... il va falloir beaucoup d'huile de coude. Mais dès que vous passerez un coup d'éponge par semaine, cela ira bien plus vite. Par ailleurs, nous avons toutes tendance à surévaluer le temps passé aux tâches que nous détestons et inversement. Souvent, c'est parce que nous passons un bon quart d'heure à dire « Bon, je m'y mets dans cinq minutes... » (Voir Tableau 3.1, p. 70).

Dans la quatrième colonne, vous noterez les initiales des personnes à qui vous pouvez déléguer telle ou telle tâche. Reportez-vous au chapitre 7 pour avoir des indications sur ce que vous pouvez déléguer à vos enfants selon leur âge. Pensez aussi à la baby-sitter, à votre mari ou à une femme de ménage...

Vous pouvez compléter cette pile de listes par quelques autres listes d'opérations intéressantes : l'entretien du linge, l'entretien du jardin, la gestion des repas (nous y reviendrons au chapitre 4), l'entretien de la voiture, les tâches administratives, l'entretien des animaux, les tâches liées à vos bébés et enfants, les courses et rendez-vous réguliers et enfin, si vous oubliez que vous existez, les activités qui vous rendent belle et sereine (épilation, manucure, coiffeur, méditation, séances de gym, etc.).

À noter

Quand nous ne faisions pas le ménage chez nous, une de nos grandes excuses étaient de dire qu'il valait mieux un peu de saleté chez nous que cet horrible gâchis aux phosphates que notre jolie planète est en train de devenir... Dans la liste des excuses, c'est une des moins mauvaises (trouvons-nous...). Mais quand même. Si vous nettoyez souvent, vous n'aurez pas besoin de produits polluants, corrosifs ou dangereux. Vous utiliserez un ou deux produits simples et en petites quantités. Si vous trouvez que l'eau de Javel ou la crème à récurer sont déjà trop polluants, vous pouvez choisir leurs versions « bio » en vente dans la plupart des hypermarchés et supermarchés sous des marques spécifiques. Et si vous trouvez qu'ils sont encore trop féroces, il existe des recettes pour faire sa propre lessive ou son propre liquide nettoie-tout. Exploitez, à travers quelques petits livres, les exploits du vinaigre blanc et du bicarbonate de soude. Jouez à parfumer tout ça avec des huiles essentielles, et votre maison sera toute bio.

Petits rituels quotidiens

Reprenez vos listes et notez sur une feuille séparée toutes les activités à fréquence quotidienne. Parmi celles-ci, il s'en trouve que vous effectuez déjà chaque jour sans trop y penser. Il en est qui sont attachées à un moment précis. À l'aide d'un agenda, repérez celles que vous accomplissez déjà par habitude, à une heure particulière. Dans la mesure du possible, ne modifiez pas ces habitudes si précieuses. Par contre, comme expliqué au chapitre 1, accrochez à ces rituels les tâches que vous oubliez systématiquement. Vous pouvez construire autant de rituels quotidiens, de séquences de tâches qu'il vous plaira : une pour le matin, une pour le soir, une pour le déjeuner si vous rentrez chez vous, une pour le retour de l'école des enfants, comme vous voulez. Casez-y toutes vos tâches quotidiennes (Voir Tableau 3.2, p. 71).

Le plus souvent, vous commencerez (comme indiqué au premier chapitre) par un rituel de début de journée et un en fin de journée. Même si vous êtes optimiste, évitez de rajouter trop de choses en une fois par rapport à ce que vous faites déjà. Avancez progressivement.

Si votre planning est très fluctuant, vous pouvez construire des rituels différents selon les différents emplois du temps. Par exemple, si vous n'avez pas des horaires classiques, vous organiserez vos rituels en « rituel du coucher » et « rituel du lever » (au lieu de parler de matin et soir...), plus peut-être un autre pour le retour du travail.

Tâches hebdomadaires

Les tâches hebdomadaires ne seront pas organisées de la même manière si vous restez à la maison ou pas. Les mères au foyer sont souvent adeptes du « matin de ménage pendant que les enfants sont à l'école », alors que les mamans qui travaillent préfèrent le « samedi où tout le monde met la main à la pâte » ou la petite demi-heure quotidienne. Comme vous voulez... En général, ce ménage hebdomadaire regroupe le nettoyage des sanitaires, les poussières, le passage de l'aspirateur et de la serpillière dans tout l'appartement et le tri des petits bazars grandissant (les journaux, le courrier...). À vous de voir si vous préférez tout regrouper ou si vous aimez l'idée de faire les sanitaires le lundi, la poussière le mardi, l'aspirateur le mercredi et ainsi de suite... Pour d'autres groupes de tâches, hors des activités ménagères, ce sera identique : vous pouvez choisir un jour pour faire tout l'administratif ou toute « l'esthétique personnelle » ou répartir le tout sur la semaine. Faites en tout cas une liste de vos tâches hebdomadaires avec la répartition qui vous convient (Voir Tableau 3.3, p. 72).

Où mettre toutes ces listes ?

Vos listes se partageront donc en « *rituels quotidiens* » (deux ou plus), tâches hebdomadaires (au moins une liste partagée ou non en plusieurs jours), tâches mensuelles et autres tâches (réparties sur les différents mois de l'année, donc douze). Vous voyez en annexe comment ces listes se présentent. Elles font partie de votre fidèle classeur de maison. Sous plastique, elles peuvent subir les assauts d'un feutre effaçable tous les jours pour rayer ou cocher chaque tâche. Notez qu'à terme, vous connaîtrez certainement vos listes par cœur. Peut-être préférerez-vous un cahier ou un panneau d'affichage, l'important étant que le tout se trouve chez vous en permanence. Dans votre agenda, vous noterez « *rituel du matin* », « *ménage hebdo* », pour savoir que telle ou telle heure est occupée… mais la liste reste à la maison au cas où une urgence vous obligerait à déléguer toutes ces tâches.

Quel que soit l'endroit où vous rangerez tout cela, mettez vos rituels quotidiens en premier, votre ménage hebdomadaire à la suite et les tâches mensuelles et moins fréquentes à la fin, car il s'agit de l'ordre de priorité. Quand vous manquez de temps, vous pouvez différer exceptionnellement le nettoyage du four ou des carreaux de votre chambre, alors que la vaisselle et la lessive doivent être faites régulièrement au risque de s'accumuler.

Ménage approfondi, au fur et à mesure

Maintenant, il vous reste encore ce que nous appelons le ménage approfondi. Les tâches mensuelles, trimestrielles, semestrielles sont en général des tâches de ménage détaillé, qui vous évitent, si elles sont effectuées régulièrement, le terrible « grand ménage de printemps ». Ce moment terrible où nos grands-mères, voyant les beaux jours arriver, se rendaient compte que le soleil marquait les traces de doigts sur les vitres et que le petit vent frais faisait sortir des moutons de poussière du dessous des lits. Imaginez le branle-bas de combat ! Si on retournait ainsi tout dans la maison, de nos jours, on commencerait tout en même temps et il est probable que tout resterait en plan !

Nous vous proposons une autre stratégie. Prenez donc douze feuilles de papier et partagez-les en quatre parties. En haut de la première page, notez « Janvier », puis « 1re semaine » dans la première case, « 2e semaine » dans la deuxième, etc. Faites de même avec tous les mois de l'année et répartissez toutes les tâches mensuelles et moins fréquentes sur toutes les semaines de l'année. Ne chargez pas trop les semaines où vous serez le moins disponible (celle de la fin de l'année civile, de la rentrée scolaire, votre période de vacances). Et comptez sur les beaux jours pour les activités extérieures ! Par exemple, vous nettoierez les aérations deux fois par an, au printemps et à l'automne, pour éviter d'être frigorifiée en février (Voir Tableau 3.4, p. 72).

Ces petites tâches, prises une par une, qui dureront rarement plus longtemps qu'une vingtaine de minutes, ne vous obligeront pas à remettre en cause tout l'emploi du temps de la famille... D'ailleurs, vous pouvez choisir de faire une corvée de ce plan chaque jour et l'intégrer dans un de vos rituels quotidiens. Par exemple, une corvée mensuelle le lundi, le mercredi et le vendredi, et une choisie parmi les moins fréquentes le mardi et le jeudi, pendant l'heure du bain des enfants (s'ils sont assez grands pour rester tout seuls).

Choisir ses produits d'entretien

Voilà un domaine où le perfectionnisme fait des adeptes au quotidien. Dans les discussions sur le ménage, les questions qui reviennent souvent sont « *Vous avez essayé le Vaisselle-Super ?* » « *Qui a acheté le nouveau Chantillor-salle-de-bains ?* » et autres interrogations existentielles sur la gomme magique ou le balai à cassettes. Pourtant, nos grands-mères, qui sont nos modèles en matière de ménage, n'avaient pas un produit par meuble... Et les professionnels n'en pensent pas moins.

Si vous voulez faire des économies au rayon droguerie, nettoyez ré-gu-liè-re-ment. Vous n'aurez alors besoin que de quelques produits simples et économiques : une bouteille de vinaigre blanc, un liquide-vaisselle, un liquide « *tout-usage* », éventuellement une crème à récurer. Les nouveaux produits d'entretien « *qui font le boulot à votre place* », « *qui nettoient eux-mêmes l'eau de lavage* », ou qui font que tous les hommes ont envie de faire la vaisselle n'existent pas... La plupart des taches « *oubliées* » partent avec des procédés assez simples que vous trouverez dans tous les livres de trucs et astuces, et les taches qu'on retire tout de suite partent avec ce que vous avez sous la main (de l'eau bien chaude, le plus souvent).

Gagner du temps en faisant le ménage

Pour gagner du temps au ménage, on peut agir de multiples manières en : réduisant l'ampleur de la tâche, limitant les préparatifs du ménage, organisant correctement les tâches entre elles, en évitant les déplacements dans la maison, réduisant la fréquence de la tâche ou en supprimant certaines tâches.

Reprenons dans l'ordre.

- Pour réduire l'ampleur de la tâche, commencez par nettoyer régulièrement. C'est toujours moins long de nettoyer quelque chose de presque propre, que quelque chose de crasseux. En plus, vous pouvez prendre la peine de nettoyer les taches à leur apparition (oui, le yaourt séché part moins vite que le yaourt liquide, c'est chimique).
- Pour limiter les préparatifs, rangez les produits d'entretien correctement, et surtout à l'endroit où vous les utilisez. Rangez ensemble le seau, la serpillière, le balai-brosse, et le produit pour le carrelage pas loin d'un point d'eau. Rangez l'aspirateur à côté de sa prise favorite, celle à partir de laquelle vous pouvez faire le tour de presque tout l'appartement. Rangez le produit nettoyant pour clavier dans le tiroir du bureau, le cirage dans le placard à chaussures…
- Nous avons limité les déplacements en évitant de courir à droite et à gauche chercher les outils et produits d'entretien, maintenant, sachez qu'il y a encore d'autres systèmes intéressants :
  - investissez dans un contenant pour transporter tout ce dont vous avez besoin (sacs poubelles, chiffons, linge, produits divers, éponges, etc.) ;
  - installez une poubelle à sac (pour les éventuelles cartouches d'encre et canettes de soda) dans chaque chambre ;
  - hormis le ménage fréquent (quotidien et hebdomadaire), concentrez-vous autant que possible sur une pièce à la fois : arrivez dans une chambre avec le chiffon à poussières, de quoi faire les carreaux et de quoi balayer sous le lit, et restez sur place.

- L'enchaînement des tâches entre elles viendra bientôt comme une évidence, avec vos listes écrites. Vous repérerez vite que vous avez le temps de passer un coup de chiffon sur le plan de travail et de ranger vos casseroles pendant que le café passe.
- Quant à la suppression de certaines de vos missions, c'est possible. En demandant à une machine de le faire (sécher le linge), en limitant les causes (mettre une feuille d'aluminium pour protéger la plaque du four), ou en décidant que ça n'est plus la peine (repasser les chaussettes).

Pascale Bureau, femme de chambre à l'hôtel Meurice, Paris

J'utilise une caisse à outil compartimentée pour transporter mes produits de nettoyage. La première chose que je fais en entrant dans une chambre, c'est ouvrir les rideaux et les fenêtres. Puis je ramasse le linge de lit et de salle de bain, que je ne pose pas par terre pour ménager mon dos. Je porte le linge sur le chariot et je vide les poubelles dans un tiroir du chariot.

Ensuite, je dépoussière, en faisant le tour de la pièce, à l'aide d'un plumeau (les meilleurs sont en plumes d'autruche) et d'un linge humide (pour les plinthes et les ampoules, notamment). Pour faire le lit, j'aligne le pli du drap sur le milieu du lit. Enfin, je passe l'aspirateur dans la chambre.

Pour la salle de bain, j'ai un produit unique pour toutes les surfaces, un produit pour les toilettes et un pour les miroirs. Je pulvérise les surfaces en une fois, j'éponge et j'essuie avec un chiffon. Je passe la serpillière.

Pour les endroits difficiles d'accès (le petit espace entre la paroi de douche et le mur, par exemple), j'utilise le manche d'une brosse à dent que j'entoure d'un chiffon. Je me sers d'une raclette pour les parois de la douche.

Voici les recettes qui marchent vraiment d'une amie adepte des huiles essentielles :

- Produit tout usage/Base : dans un flacon de 500 ml de produit vaisselle à la main concentré et le plus neutre possible OU mieux d'une base lavante douce à se procurer en magasin bio, rajouter une à deux cuillères à soupe d'huile essentielle antiseptique. Bien mélanger pour homogénéiser le tout. Stocker à l'abri de la lumière. Agiter avant usage et utiliser comme produit nettoyant à tout faire ; une pression = une dose. Ex. : nettoyage du sol : deux pressions pour un seau de 10 l.

- Le « pschitt miracle » : dans un vaporisateur (reconversion des bouteilles lave-vitres ou un vaporisateur pour les plantes) : 3/4 eau, 1/4 vinaigre et une cuillère à soupe du « Produit tout usage » (recette ci-dessus). Agiter. Ce produit servira à la cuisine et dans les sanitaires : rangez-le à portée de main.

Dans vos mélanges biodégradables destinés à l'entretien de votre logement, vous pouvez utiliser les huiles essentielles suivantes :

- arbre à thé (antibactérienne, antifongique) ;
- cannelle (antiseptique) ;
- citron/citrus limonum (antiseptique, antibactérien) ;
- basilic (répulsif insectes) ;
- citronnelle (répulsif insectes, antiseptique atmosphérique) ;
- eucalyptus (antiseptique, antibactérien, antifongique).

Attention ! Ne croyez pas que toutes les substances « naturelles » sont à utiliser n'importe comment. Respectez les doses et ne laissez pas vos flacons à la portée des enfants.

Le vinaigre, à toutes les sauces

Le vinaigre est un antibactérien connu depuis l'Antiquité et un anti-calcaire aussi économique qu'efficace.

Ajoutez 1 à 2 cuillers à soupe de vinaigre d'alcool blanc dans le bac assouplissant de votre machine à laver le linge. Votre linge sera tout doux (le vinaigre ne laisse pas d'odeur) et les résistances de votre machine seront protégées du calcaire.

L'eau vinaigrée remplace parfaitement les lave-vitres du commerce. C'est efficace même pour les lunettes. Dosez un demi verre de vinaigre d'alcool blanc par litre d'eau chaude.

Vous l'utiliserez également pour les parois vitrées des douches, comme détartrant/désinfectant des cuvettes de WC. Détartrez vos cafetières et bouilloires une fois par mois, à raison d'un verre par litre d'eau.

À noter

> **Éponges, serpillières et torchons sont utilisables et lavables plusieurs fois. Certains chiffons en microfibres, bien entretenus, peuvent tenir plusieurs années. Alors que les lingettes, que vous trouvez souvent si pratiques, coûtent de dix à vingt fois plus cher que vos outils habituels et elles génèrent de trois à six fois plus de déchets que les produits traditionnels tout en contribuant à la pollution de l'air. Alors, les lingettes ou la vie ?**

Moi et mon tablier à poches

« J'utilise un grand tablier avec trois poches pour faire mon ménage. Dans une poche, je glisse mon pulvérisateur de « pschitt miracle » avec une microfibre, dans l'autre, je glisse une éponge humide dans un sac plastique et, dans la troisième, je mets tous les petits objets que je croiserai inévitablement en faisant mon ménage. Pour la cuisine, par exemple, je démarre par un coin (à droite de l'évier) et je pulvérise et essuie chaque surface, selon ce dont elle a besoin. Exemple : surface vitrée = pschitt + microfibre, plan de travail = pschitt + éponge. Je vais du haut vers le bas et je me déplace de la gauche vers la droite dans la pièce. Si je ramasse un objet, au lieu d'aller le porter dans la pièce à laquelle il appartient, je le garde dans ma poche de tablier jusqu'à ce que j'arrive dans la pièce en question. J'élimine ainsi tous les trajets inutiles, je fais des gestes automatiques, je ne cours plus après mes chiffons et mon pschitt et je n'oublie rien. Le ménage est beaucoup moins fatigant ainsi. »

Laurence, 40 ans, conseil en organisation, 3 enfants

L'entretien du linge

Le linge, voilà la bête noire de beaucoup d'entre nous. Chaque matin, nous prions pour éviter d'entendre « Maman, j'ai plus de chaussettes propres », « Chérie, tu n'as pas repassé ma chemise rose à rayures ? » à moins que nous ne soyons déjà nous-mêmes accoutrée d'un collant filé (mais seulement un peu sur la cuisse), arrêté au vernis rouge.

Le linge a plusieurs inconvénients :

- la plupart des pièces nécessitent plusieurs opérations : mise au sale, tri, pré-nettoyage (mettre du détachant sur la trace de chocolat), lessive, séchage, pliage et/ou repassage, rangement ;

- entre chaque opération, il y a un risque d'empilement dans un coin de la maison ;
- dès que ça s'empile, contrairement à d'autres tâches ménagères (comme les histoires de poussière ou le nettoyage de la baignoire), la durée du travail progresse au fur et à mesure que la pile s'agrandit.

Bref, il y a lieu de canaliser au maximum petites culottes et grands pantalons.

Première étape : choisir les vêtements

Il en a déjà été question au chapitre 2, mais on peut le redire : mieux vous choisirez vos vêtements, moins vous aurez d'entretien, moins vous en retrouverez cachés sous les lits, derrière les canapés... Donc, faites un grand tri, et achetez judicieusement, en regardant systématiquement la petite étiquette d'entretien. Oui, trois liquettes pour le prix d'une, ce n'est pas cher, mais les mettrez-vous souvent s'il faut les laver toutes les trois séparément (risque qu'elles déteignent) et à la main de surcroît ? Donc, pour les vêtements de tous les jours, achetez des choses faciles à laver, qu'on met dans le lave-linge sans prier pour que la taille ou la couleur ne change pas en route.

Nos amies se partagent en deux groupes dans ce domaine : celles qui achètent n'importe quoi à bon marché et le mettent à laver/sécher en disant « ça passe ou ça casse et je jette » et celles qui questionnent la vendeuse pendant vingt minutes pour savoir si ces chaussettes, jolies, mais un peu chères, vont ou non perdre une taille après le premier séchage en machine. Choisissez votre camp, mais sachez tout de même que le sèche-linge rétrécit et use pas mal de vêtements...

Deuxième étape : faciliter le tri

Une fois sale, vous pensez que chaque vêtement, du haut de ses petits pieds, viendra plonger dans votre sac à linge sale ? Faux ! La chaussette sale se cache sous le lit, le pull mauve reste au fond du sac de piscine avec le maillot mouillé, et la culotte à dentelles de

Fille Aînée ? Elle se prélasse juste au pied du sac à linge sale. Par provocation.

Décrétez une bonne fois pour toutes : « Ce qui n'est pas dans le sac ne sera pas lavé ». Mettez un panneau s'il le faut. Si, en mère avisée, vous avez rendu vos enfants adeptes du panier à linge commun, vous pouvez faire progresser le concept en en proposant trois différents : un pour le linge clair, un pour le linge foncé et un pour les sous-vêtements (adaptez selon votre système). Et quand vous avez décidé de faire une lessive, prenez le panier le plus plein et hop !

Troisième étape : la lessive et la suite

Nous pensons que si l'on veut vraiment que le linge soit en majorité dans les armoires, l'opération lessive doit être régulière et rapide. Alors à la prochaine lessive, chronométrez le programme. Et calez le tout dans votre emploi du temps pour faire une lessive par jour et pouvoir enchaîner de suite sur les actions suivantes : étendre et/ou mettre à sécher (dans un sèche-linge), plier et/ou repasser, ranger.

Six trucs pour la lessive

- Dites à vos adolescents que vous voulez bien croire qu'ils n'ont rien à se mettre, et donnez-leur un sac à remplir avec les vêtements qu'ils ne portent plus. Cela vous évitera de les laver chaque semaine parce qu'ils les auront abandonnés par terre, propres, mais froissés.
- Instituez une couleur par membre de la famille et, au moment du rangement, mettez le linge dans le panier bleu et sur les cintres bleus pour votre conjoint, panier rose et cintres roses pour Pepette, etc.
- Si vos enfants ont la manie de laisser leur serviette mouillée par terre, et que vous ne savez pas à qui elle est… offrez-leur en une paire à chacun (qui sera à eux tout seuls). Comme ça, vous saurez à qui est cette fichue serviette, et ils en auront toujours une de rechange.
- Si vous avez peu de linge délicat, vous gagnerez du temps en instituant une lessive (ou deux) par personne et par semaine. Au moment du pliage et du rangement, plus besoin de trier et de passer de chambre en chambre : toute la pile va dans le même placard.
- Vous avez plusieurs enfants de tailles différentes (mais pas si lointaines) et vous avez du mal à vous rappeler ce qui est à qui « en ce moment ». Alors

mettez un X sur les étiquettes des vêtements de n° 1, deux X pour n° 2 et ainsi de suite, et quand n° 1 passe à n° 2, vous n'avez qu'à rajouter un X.

- Faites un sac de chaussettes orphelines… que vous garnirez au moment du tri. Et le jour où il y a pénurie, allez fouiller là pour trouver de jolies paires complètes.

Par exemple, si vous avez un sèche-linge : vous rentrez du bureau à 18 heures, vous attrapez une pile de linge que vous mettez à laver. À 19 heures, vous sortez le linge propre pour le mettre à sécher. Une heure et demie plus tard, il est sec, vous le pliez (c'est plus facile quand ça sort tout juste du séchoir) et mettez de côté les quelques pièces à repasser. Vous allez ranger tout de suite le linge plié (les petits enfants adorent se rouler dans le linge propre, surtout plié). Et selon vos habitudes, vous repassez tout de suite ou vous le mettez dans un coffre adéquat pour le repasser le soir devant votre feuilleton favori.

Si vous étendez votre linge pour le laisser sécher, ça sera plutôt : 18 heures lessive. Aussitôt après, retirer le linge propre de la veille du séchoir, le plier, le ranger, à 19 heures, étendre le linge qui sort de la machine.

Si vous pensez vraiment que la lessive quotidienne ne rentre pas dans votre emploi du temps, vous avez également la possibilité de désigner une journée « jour de lessive », au risque de devoir rester un grand jour de soleil à regarder tourner la machine dans une maison recouverte de linge en train de sécher sur des cintres accrochés à toutes les portes.

Quatrième étape : repasser ou ne pas repasser ?

Les nouveaux textiles permettent souvent de raccourcir le séchage et d'éliminer le repassage si le linge a été bien étendu et/ou bien plié. Ce qui est sûr, c'est que si vous attrapez votre linge à la fin du cycle de séchage de votre sèche-linge, vous pourrez en plier 80 % bien à plat et ranger le tout directement.

Certaines personnes de nos connaissances arrivent, en combinant tous ces divers avantages (bien choisir le linge, le faire sécher comme il faut, bien le plier) à éliminer entièrement la corvée de repassage. D'autres ont arrêté de repasser tout le linge de maison (sauf les nappes et serviettes de table, utilisées rarement), tous les sous-vêtements (ça ne se voit pas...), tous les vêtements des bébés (jusqu'à 18 mois), la plupart des sweat-shirts et des t-shirts. Restent les chemises, jupes et pantalons (sauf les jeans bien sûr), et quelques pulls. Ainsi que les petites robes à frous-frous qu'on aime bien, les mouchoirs en tissu (pour les fanatiques), et les nappes... Une heure par semaine pour quatre personnes.

Fer à repasser ou centrale vapeur ?

Vous vous êtes peut-être posé cette question un jour. Quels sont les avantages de la centrale vapeur ? Sa grande autonomie (environ 1 h 15 de vapeur ininterrompue), sa puissance en termes de vapeur d'où un repassage plus facile, plus rapide et de meilleure qualité notamment sur les tissus réputés « difficiles » (lin, par exemple). Ses inconvénients : un temps de chauffe plus long qu'un fer ordinaire, une installation qui prend plus de place et un prix plus élevé.

Conclusions de notre « panel » de mères de famille : une centrale vapeur se justifie uniquement si votre temps de repassage dépasse allègrement une heure par semaine et que vous groupez votre repassage. Si vous êtes une adepte du « p'tit coup de fer avant de partir » et que, de surcroît vous n'êtes pas une maniaque du pli du pantalon, le fer à repasser est l'outil qui vous convient. Nous connaissons toutefois quelques perfectionnistes qui utilisent les deux.

Pour aller plus loin

Kent Cassandra, *Trucs et astuces pour votre maison*, Paris, Hachette, 1997.

Le Bouar Claire, Belotti Marie-France, *Le guide écologique de la famille*, Sang de la terre, Paris, 1999.

Collectif, *L'aromathérapie au quotidien*, Paris, Editions Fleurus Practis, 2005.

Lavédrine Anne, *Les vertus du vinaigre*, Paris, Le livre de Poche Santé, 1999.

Annexe

Tableau 3.1 Un exemple de fiche de récapitulation des tâches par pièce

Salle de bains	Fréquence	Durée	À déléguer à...
Nettoyer sanitaires	Hebdo	5 minutes	Votre Conjoint, Fille aînée
Nettoyer armoire pharmacie	Trimestriel	20 minutes	VC
Passer l'aspirateur	Hebdo	5 minutes	VC, FA
Passer serpillière	Hebdo	10 minutes	VC, FA
Nettoyer plinthes	Mensuel	5 minutes	VC, FA
Nettoyer lustres	Semestriel	15 minutes	VC
Nettoyer carrelage du mur	Mensuel	5 minutes	VC, FA
Nettoyer traces sur mur	Trimestriel	5 minutes	VC
Nettoyer brosses et peignes	Mensuel	20 minutes	FA
Trier armoire cosmétique	Semestriel	15 minutes	
Trier rangement baignoire	Trimestriel	10 minutes	FA
Lessive	Quotidien	10 minutes	VC
Changer serviettes	Hebdo	5 minutes	VC, FA
Changer tapis bain	Hebdo	5 minutes	VC, FA
Nettoyer tapis bain	Hebdo	10 minutes	
Nettoyer robinetterie à fond	Mensuel	15 minutes	VC
Nettoyer lavabo entièrement	Mensuel	10 minutes	VC, FA
Coup rapide sur lavabo et rebord baignoire	Quotidien	5 minutes	VC, FA, Petit Dernier avec de l'aide

Tableau 3.2 Les rituels de Stéphanie

Rituel du matin
Levée avant tout le monde
Douche, m'habiller, me sécher les cheveux si besoin, me coiffer, me maquiller
Vider le lave-vaisselle
Réveiller mon conjoint et habiller les enfants
Finir de préparer le petit déjeuner, le prendre
Chausser tout le monde et mettre les manteaux
Départ pour l'école
Retour de l'école : 10 minutes pour ranger le salon
10 minutes pour ranger la cuisine et passer un coup d'éponge sur les tables
Rituel d'après-midi (après le goûter)
Faire tourner une lessive
Une corvée mensuelle (ou moins fréquente)
Ranger la cuisine rapidement
Rituel du soir
Débarrasser le dîner
Remplir le lave-vaisselle, le mettre en route
Préparer la tisane du soir et le café du matin
Plier le linge sec devant la télé
Tisane + préparer journée de demain avec agenda
Me déshabiller, me laver dents et mains, préparer vêtements du lendemain dans la salle de bain, et au lit
Lire un peu, mettre le réveil et dormir

Tableau 3.3 Un exemple de fiche de ménage hebdomadaire

Ménage hebdo
Nettoyer les sanitaires
Épousseter
Passer l'aspirateur dans tout l'appartement
Passer la serpillière sur le carrelage
Nettoyer les miroirs
Jeter les magazines
Changer les draps
Vider toutes les poubelles et corbeilles

Tableau 3.4 Un exemple de fiche mensuelle de ménage approfondi

Janvier	
Semaine 1 • Laver les tapis de bain • Nettoyer le sol à fond • Ranger les placards et tiroirs de jouets des enfants • Retourner les matelas	Semaine 2 • Ranger les tiroirs et armoires • Nettoyer le placard à médicaments • Carreaux chambres enfants • Nettoyer les taches sur les portes et murs
Semaine 3 • Nettoyer le lave-linge • Nettoyer le conteneur de lessive • Ranger les tiroirs chambre des parents • Carreaux séjour	Semaine 4 • Nettoyer sous le lit parents • Nettoyer sous les lits des enfants • Ranger les chaussures • Passer l'aspirateur sous les meubles du salon

CHAPITRE 4

PLANIFIER LES REPAS

Au programme

- Faire son plan de menus
- Organiser ses fiches de recettes
- Cuisiner en « gros » ?
- Faire sa liste de courses, et faire les courses !
- Gagner du temps à la cuisine

« Même la meilleure des ménagères ne peut pas, si elle n'a pas de riz, préparer son repas. »

Proverbe chinois

« Qu'est-ce qu'on mange ce soir ? » Charmante question, pleine de tendresse, qui vient à nos oreilles après une longue journée occupée. Après un coup d'œil dans le frigo, on hésite entre pâtes au beurre ou commander une pizza ? Pour changer du régime italien forcé, apprenez à faire un plan de menus, à trier vos recettes, à cuisiner à l'avance et à faire les courses. Ce chapitre est là pour vous rappeler qu'avant d'entendre la question fatidique tous les soirs, vous aimiez faire la cuisine !

Nourrir sa famille semble de plus en plus compliqué. Les exigences se multiplient :

- des repas équilibrés pour lutter contre les problèmes de surpoids ;
- des repas vitaminés pour garder la forme ;
- des repas rapides à préparer parce qu'on travaille (ou qu'on a plein de choses à faire) et qu'il ne reste plus qu'une petite demi-heure avant le dîner ;
- des repas délicieux et consensuels sinon les enfants se nourriraient de Chocobarres et de hamburgers et parce qu'on a bien le droit à un peu de goût, nous aussi ;
- des repas économiques, aussi, si possible, et surtout…
- des repas dont les ingrédients sont dans nos placards et frigo.

On ne vous promet tout de même pas d'arriver à faire tout cela à chaque repas… Soyons réalistes. Mais il est possible d'arrêter de culpabiliser autour de ce qu'on mange, tout en se faisant plaisir.

Faire son plan de menus

Oui, vous avez déjà lu cela quelque part… On vous dit : prenez une feuille et notez tout ce que vous allez manger cette semaine. Cuit-tout-Mag vous propose même des plans de ce genre dans ses pages. Et dans un film culte, « lundi, c'est ravioli ». Alors vous avez essayé. Mais les recettes de Cuit-tout-Mag vous ont pris une heure chaque soir (heureusement qu'à midi, tout le monde va à la cantine). Et vendredi, c'était « rosbif chou-fleur », sauf que Votre Conjoint a fini par faire une indigestion de chou-fleur.

Reprenons calmement. Nous partons du principe que vous vous souciez surtout du repas du soir, mais les idées valent pour midi et soir si vous doublez les chiffres ! Voici plusieurs solutions, à adapter à votre maisonnée.

La solution « nos recettes préférées »

Avec ou sans l'aide du reste de la famille, faites une liste des plats favoris de tout le monde. Ce sont en général les plus simples et les plus « douillets », ceux dont le plat est saucé soigneusement avec le dernier croûton de la baguette. Partagez-les, si ça vous paraît logique, en recettes d'été et recettes d'hiver. Ne choisissez pas que des plats qui nécessitent une recette. Votre liste peut tout à fait faire figurer : steak-frites, pizza maison (avec la pâte du magasin) ou œufs à la coque et mouillettes. Ensuite, programmez-les, par exemple, sur trente jours. Si vous avez une vingtaine de plats qui font recette, ils reviendront une fois par mois, et il vous reste dix jours pour innover, créer… ou vous faire livrer ! Chaque semaine, vous n'aurez qu'à reporter votre programme de cinq recettes sur les jours correspondants et ajouter deux idées supplémentaires pour les autres jours.

La solution « le lundi, c'est ravioli »

Votre famille a des goûts particuliers et vous savez que vous refaites souvent le même type de plat. Chez les Dupont, on mange beaucoup de poulet, chez les Durand, c'est gratin, chez les Martin, c'est grillades… Donc, faites une liste de « types de plat » que vous pouvez varier en composition, mais que vous aimez faire souvent. Cela pourrait être : lundi, quiche ; mardi, plat mijoté/barbecue en été ; mercredi, pâtes en sauce ; jeudi, poêlée à la viande ; vendredi, plat du traiteur ; samedi, grillade/légumes vapeur ; dimanche, restes de la semaine, ou n'importe quoi qui vous fera plaisir. Et comme ça, en début de semaine (ou de quinzaine), vous n'avez plus qu'à remplir les cases selon vos envies, vos stocks et d'éventuelles promos.

La solution en « écailles », dite « Vive les restes »

Toutes les cuisines traditionnelles se composent de recettes simples et nourrissantes qu'on peut utiliser sur plusieurs repas. Vous les connaissez : le pot-au-feu, et sa viande, dont on peut faire un hachis Parmentier ou une salade de bœuf pour finir ; le poulet rôti qu'on finit froid et dont on utilise la carcasse pour faire une bonne soupe au poulet, et toutes les autres... Des livres entiers sont écrits sur l'utilisation des restes et vous les utiliserez pour cette formule-ci. Pour le premier menu de la semaine, choisissez une de ces recettes magiques. C'est lundi, allons-y pour un bon poulet rôti avec sa purée. Choisissez un gros poulet, et faites cuire des pommes de terre d'avance. Le mardi, vous pouvez manger le reste de votre poulet froid et l'associer à de bons haricots verts à la vapeur par exemple. Faites-en cuire en trop, car le mercredi, vous les associerez à vos pommes de terre pour une jolie salade et vous servirez avec une belle omelette (dont vous garderez un petit morceau au frais). Le jeudi, vous ferez cuire plein de riz et vous en ferez sauter une partie avec des petits pois, des cubes de jambon et votre reste d'omelette pour un riz cantonais maison. Et le reste de riz servira le vendredi, et ainsi de suite... Si vous regardez bien, vous ne cuisinez à chaque fois que la moitié du plat !

La solution « improvisée », quoique...

L'inspiration se trouve assez facilement si on la cherche bien. Donc, pour cette solution, vous prenez un papier, et vous notez chaque jour de la semaine. Et vous empoignez, dans l'autre main : des menus de cantines scolaires (qui sont tous vérifiés par des nutritionnistes), les promos de votre supermarché favori, la liste de ce que vous avez en réserve, ou si vous y tenez, votre Cuit-tout-Mag, en ne choisissant que les recettes rapides. Pensez toujours à glisser dans la semaine une de ces recettes que vous faites de tête sans réfléchir et que tout le monde aime chez vous. Variante : ne faites pas de vrai plan de menu pendant un mois, mais notez tous les jours sur un calendrier ce que vous avez cuisiné, et reprenez les mêmes menus le mois prochain. En faisant cela sur un mois par saison pendant un an, vous aurez des plans de menus tout prêts (à modifier selon les nouvelles spécialités) pendant des années !

Une fois que vous aurez testé chacune de ces solutions (ou celles qui vous plaisent le mieux), vous pourrez essayer de les mélanger… un jour pizza parce que c'est votre tradition du dimanche soir, deux jours selon les promos, un plat « à restes » qui fera deux jours, un jour pour votre recette préférée du Cuit-tout-Mag et un autre pour une recette familiale que tout le monde aime…

Bien sûr, quand vous préparerez ces plans de menus, vous prendrez la peine d'attribuer à chaque jour son menu. Mais détendez-vous, car, une fois que vos courses seront faites et que vous aurez vérifié soigneusement les dates limites de consommation, rien ne vous empêchera de permuter un jour pour l'autre, pour cause de contretemps. Rien ne vous empêchera non plus de préférer faire une tarte aux cerises et des spaghettis à la carbonara, à la place de la quiche et des cerises natures prévus initialement, si vous avez, comme nous toutes, un paquet de pâtes en permanence dans le placard. C'est le but : avoir de quoi faire les repas dont vous avez besoin, avec des ingrédients qui composent les plats que vous aimez.

Organiser ses fiches de recettes

Ceci s'adresse notamment à toutes celles qui ont accumulé depuis des années la moitié des recettes croisées dans leurs magazines féminins, assorties d'une cinquantaine de livres ou magazines de cuisine. Autant c'est un plaisir de tout feuilleter les jours de déprime comme une brochure d'agence de voyages, autant la plupart du temps, c'est sans effet sur la qualité de la cuisine quotidienne. Triez !

En cuisine aussi, les modes passent. Le chèvre chaud est paru en cent vingt recettes différentes dans les années quatre-vingt, maintenant, c'est le ringard des brasseries. Alors, faites avec vos recettes comme avec vos vêtements :

- jetez toutes les recettes dont l'ingrédient principal est définitivement hors de vos moyens ;

- celles qui ont une liste dépassant dix ingrédients, à moins que vous en rêviez vraiment pour un Noël ou une grande fête à venir ;
- celles qui nécessitent plus de quarante cinq minutes de préparation (en fait, ça veut dire 1 heure… oui, juste pour l'entrée ! Et elle n'est pas cuite à ce prix-là !) ;
- les recettes « *des grands jours* » dont un des ingrédients déplaît à la majorité de votre entourage (cervelle, foie de veau… sans compter les allergènes) ;
- les recettes « *de tous les jours* » dont un des ingrédients déplaît à plus d'une personne dans la famille (sinon, c'est service à la carte assuré pour la soirée) ;
- et, à notre avis, celles dont l'explication, une fois résumée par vos soins, prend plus de dix lignes ;
- dans les doublons vous ne garderez que la recette la plus simple, nécessitant le moins d'efforts et d'ingrédients spécifiques ;
- mais gardez précieusement les recettes que vous faites sans arrêt (même si vous les connaissez intégralement), pour le cas où on vous les demanderait.

Ensuite, chacune son école. Découpez-les et glissez-les dans une pochette transparente à ranger dans un grand classeur (plus de tâche de gras sur la recette). Ou bien collez seulement le texte – la photo ne correspond jamais au vrai résultat ! – sur une petite fiche bristol et classez-les dans un beau fichier à intercalaires. Choisissez un système pour reconnaître les recettes que vous avez déjà essayées et qui furent une réussite… vous pouvez même rajouter des commentaires à la main (« Attention, ne pas trop saler ! », « Pas très présentable »), ça fait des souvenirs.

Et les livres nous direz-vous ? Faites votre sélection sur les mêmes critères. Gardez en priorité les livres dans lesquels vous piochez et réussissez régulièrement une nouvelle recette. Surtout si ça ressemble à la photo.

À moins que vous ne piochiez les trois-quarts de vos recettes sur internet (auquel cas un copier/coller est vite fait), mettre toutes les recettes sur ordinateur paraît un projet fou… beaucoup ont essayé et abandonné. Le premier recopiage est long, la recherche n'est pas toujours aisée, on ne peut pas « feuilleter » pour trouver des idées et on ne peut pas emmener son ordinateur à la cuisine (donc il faut quand même tout imprimer).

Cuisiner en « gros » ?

Imaginez que vous receviez un coup de fil d'une vieille amie célibataire, qui, peu soucieuse de vos problèmes d'organisation avec votre colonie maison, avertit qu'elle débarque pour dîner dans une heure. Vous aviez prévu (encore) des knacks-purée pour les enfants, et aussi pour vous et Votre Conjoint, mais Copine Marie ne s'en satisfera pas. Alors vous regardez dans votre congélateur et sortez... une délicieuse pizza maison, quelques tranches de rôti de porc et des jolies pommes de terre farcies au fromage. Impossible ? Non...

La cuisine en gros et au froid

« C'est à l'approche des fêtes que je pratique le plus la cuisine pour le congélateur. En vue des repas de famille, je prépare souvent plusieurs portions de purée à l'ail maison, des feuilletés apéritifs et de la pâte à cookies, pour rendre chic assez rapidement un rosbif ou une volaille rôtie. Quand il ne reste plus qu'une entrée et un entremet à cuisiner – ou à acheter – et quelques légumes verts à mettre dans la cocotte-minute, les réceptions sont moins stressantes. Il suffit de surveiller le four ! »
Stéphanie, 34 ans, journaliste, 2 enfants

Des femmes prévoyantes ont inventé la « cuisine pour le congélateur ». Certaines passent un week-end entier par mois pour remplir leurs congélateurs à craquer de plats qu'elles font elles-mêmes, en profitant des promotions en cours. Selon les cas et le temps disponible, elles congèlent des plats tous différents (plusieurs viandes, plusieurs légumes) ou bien se font une après-midi « patate » ou une journée « poulet » ou « steak haché ». L'intérêt ? On gagne du temps en faisant des économies... Vous allez voir.

Essayons une après-midi « steak haché ». Vous achetez le samedi matin un gros paquet de bon steak haché bien frais en promotion, ainsi que tous les ingrédients nécessaires à vos recettes favorites comme le chili con carne, le hachis Parmentier, la sauce bolognaise, les lasagnes, etc. Vous casez les enfants avec Votre Conjoint s'ils sont petits (ou vous les mettez au boulot s'ils sont grands). Vous épluchez (avec des lunettes de plongée) et émincez (ou hachez) un gros tas d'oignons à la suite, puis des gousses d'ail. Vous trouvez une grande sauteuse où vous versez une grande rasade d'huile d'olive pour faire cuire oignons et ail, puis la viande hachée. Pendant que ça cuit, vous préparez assez de purée pour deux ou trois hachis Parmentier, de la sauce tomate pour trois chilis et trois portions de sauce bolognaise pour quatre personnes, et vous garnissez deux ou trois plats pour les lasagnes… Vous allez vous fatiguer pendant plusieurs heures, certes, mais vous aurez au congélateur de quoi préparer douze repas en dix minutes chrono (je sors du congélateur, je mets au four/dans une casserole, je prépare une salade verte).

Bien sûr, ça demande de la méthode :

- réunir les recettes (l'intérêt étant que toutes ces recettes aient quelques étapes et ingrédients communs) ;
- rédiger une grande recette les reprenant toutes, avec des étapes dans l'ordre chronologique ;
- faire une liste de courses complètes avec les ingrédients de toutes les recettes ;
- partir faire les courses ;
- faire tous les petits travaux de préparation, puis lancer la cuisson et enfin boucler la finition des plats.

Un conseil : commencez petit. Faites d'abord votre quiche préférée en trois exemplaires. La fois suivante, tentez une « séance quiche ». Et la fois d'après, lancez-vous dans une journée pâtisserie.

Ne congelez pas de nouveaux plats en grand nombre (et si personne n'aime ça, ce sera pour le chien ?). Pour le reste, vous trouverez ci-après une liste de ce qui se congèle bien ou mal, et à vous de faire jouer votre créativité.

Si vous êtes contre le fait de passer plus d'une heure en cuisine, retenez le principe… Quand on épluche des oignons, autant pleurer pour une grande quantité d'ingrédients et les hacher tous ensemble, pour en garder au congélateur pour un jour de stress. Doublez la dose de riz à cuire ou de poulet à griller pour une prochaine salade, préparez vos deux laitues et enfermez le tout dans un torchon à garder au frais pour trois à quatre jours de feuilles à disposition, etc.

À noter

CE QUI SE CONGÈLE BIEN

- le pain et les viennoiseries, tout frais ;
- les plats, de viandes et/ou de légumes, en sauce à condition de rajouter les pommes de terre en morceaux au dernier moment ;
- les compotes de fruits et les coulis ;
- les terrines de viande et de poisson ;
- les soupes et bouillons (à condition de rajouter œufs et crème au dernier moment) ;
- les pâtes à tarte, ainsi que les quiches et pizzas cuites ou non ;
- les gâteaux maison rustiques, tels que les quatre-quarts, cakes et brownies.

CE QUI SE CONGÈLE MAL

- les pommes de terre en morceaux (la purée supporte très bien la congélation) ;
- les tartes aux fruits (elles se détrempent) ;
- les fruits rouges et les salades de fruits ;
- les plats et crèmes à base d'œufs (hormis les quiches) ;
- la mayonnaise.

Faire sa liste de courses, et faire les courses !

Cela semble si facile de faire une liste de courses, surtout quand on a sous les yeux un magnifique plan de menus. Alors procédons par ordre… vous devez acheter :

- de quoi cuisiner votre plan de menus ;
- mais aussi de quoi alimenter les petits repas et collations (petits déjeuners, goûters, soirée télé) ;

- de quoi laver toute la petite famille (dont Fille Aînée qui n'utilise pas le même shampooing que Pepette, et encore moins le vôtre) ;
- de quoi entretenir la maison ;
- et le reste (des chaussettes, des petites cuillères, un livre de coloriage)...

À noter

> **N'achetez pas comme si vous alliez subir un siège. Ne prenez que ce dont vous aurez besoin jusqu'aux prochaines courses. Les achats en quantité font certes réaliser des économies (du moins, en principe) mais ils ont surtout l'inconvénient d'augmenter le prix de votre caddie et la quantité d'objets à stocker. Et il faut alors se souvenir qu'on les a, où on les a rangés et contrôler les dates de péremption.**

Première étape : créez votre liste de courses personnelle

Sur ordinateur, par exemple (ou à la main), faites la liste de ces aliments et autres choses que vous achetez régulièrement. Si vous voulez, mettez la marque (surtout pour le shampooing de Fille Aînée), la quantité. Ensuite, repensez à la manière dont les rayons sont installés dans le supermarché où vous allez le plus souvent. Et classez votre liste par rayon, dans cet ordre (« je commence par le rayon traiteur, puis la charcuterie, puis le pain, le lait... »). Laissez de grands espaces libres dans chaque rubrique pour compléter avec des choses que vous n'achetez pas toutes les semaines. Imprimez ou photocopiez votre liste en cinquante-deux exemplaires et affichez-en une sur le frigo avec un stylo à proximité. Expliquez à chacun que, s'il n'y a plus de Chocobarres et qu'il en veut encore, il doit cocher les Chocobarres sur la liste, sinon, vous partirez du principe qu'il en reste. Et toc ! Idem pour le whisky (Voir Tableau 4.1, p. 88).

Deuxième étape : complétez la liste selon votre plan

Vous avez votre liste cochée et votre plan de menu. Attrapez toutes les recettes que vous ne savez pas par cœur parmi celles qui figurent sur votre plan de menu. Et recopiez sagement la liste des ingrédients sur votre liste cochée. À moins d'être sûre que vous possédez déjà l'ingrédient en réserve, prenez la peine de vérifier (sincèrement, un poulet au curry sans curry, c'est… différent !).

Troisième étape : le dernier tour de piste

Tandis que vous vérifiez que vous avez du curry pour le poulet, faites aussi le tour des « fondamentaux » avant de partir avec votre liste. On peut vivre sans Chocobarres, mais oublier le papier hygiénique, la lessive ou les couches de bébé peut se révéler beaucoup plus dramatique. Alors, faites le tour de la maison avant de partir et complétez votre liste.

Quatrième étape : les courses

On vous l'a déjà dit : évitez la faim et la foule, pour gagner du temps et de l'argent. Soit. Mais on n'a pas toujours le choix. N'oubliez pas votre liste. Garez-vous près de l'entrée. Ne pensez pas que vous ferez toujours des économies en allant dans le plus grand hypermarché de la région : il est plus loin, plus grand et plus riche en tentations que le petit supermarché du coin de la rue. Et il vous fait perdre un temps fou (en plus de l'essence).

Si vous le pouvez, laissez les enfants à la maison : il y en aura toujours un pour hurler dans les rayons, mais ça ne sera pas le vôtre ! Si c'est impossible, demandez-leur de vous aider, pour les détourner des rayons difficiles (bonbons, jouets) le plus longtemps possible. Et acceptez d'ouvrir une boîte de gâteaux avant la caisse pour combler un creux générateur de nervosité.

Gagner du temps à la cuisine

- Vous avez fait un plan de menus qui a très bien fonctionné cette semaine. Gardez-le ! Même si vous n'aimez pas manger toutes les semaines la même chose, vous pourrez le réutiliser à une de ces périodes où vous avez autre chose à faire que de plonger dans votre fichier de recettes.
- Faites tourner votre lave-vaisselle le soir avant d'aller vous coucher, et videz-le dès que vous entrez dans votre cuisine le matin. Rien de pire que de vouloir mettre une assiette sale dans un lave-vaisselle plein de vaisselle… propre !
- Gardez vos plans de travail aussi dégagés et dépourvus de décoration que possible. Cela rend n'importe lequel de vos projets plus simple à préparer, nettoyer et ranger.
- Quand vous commencez à cuisiner, remplissez votre évier d'eau chaude savonneuse, et mettez votre vaisselle sale dedans au fur et à mesure. Certaines pièces n'auront plus qu'à être rincées et rangées, d'autres passeront directement dans le lave-vaisselle, mais sans incrustations de pâte desséchée.
- Demandez à ce que chaque enfant, à partir de 5-6 ans, débarrasse son assiette en la vidant dans la poubelle et en la mettant dans le lave-vaisselle.
- Nettoyez votre frigo la veille du jour où vous faites vos courses. Il est forcément plus rapide à nettoyer quand il est presque vide, la place est alors nette pour l'arrivée des nouveaux aliments.
- Vous avez des raclettes, pierrades et autres appareils « conviviaux » ? N'attendez pas d'avoir des invités pour les sortir. Les enfants adorent ça et le repas est vite préparé.
- Lisez les modes d'emploi de vos appareils. Exploitez à fond votre four à micro-ondes (sa fonction grill), votre four (sa fonction autonettoyante et son programmateur), votre cafetière (programmable), votre cocotte-minute, et tous les autres…

Le partage des tâches

« Depuis que mes enfants ont dépassé l'âge de huit ans, je découpe en deux la liste de course et je leur en donne la moitié. L'équipe des enfants est chargée de remplir son caddie à toute vitesse (uniquement avec les produits de la liste, évidemment) et on se retrouve au milieu du magasin. Centrés sur le jeu, et non plus passifs, les enfants apprennent à se repérer dans les rayons et les produits. Inutile de dire que le temps des courses est aussi divisé par deux. »

Laurence, 40 ans, conseil en organisation, 3 enfants

Écoutons les conseils de Bertrand Simon, professeur de cuisine à Lille :

Pour gagner du temps, beaucoup de restaurateurs utilisent des produits en partie préparés et les accommodent de leur petite touche personnelle. Par exemple, on peut compléter une sauce mayonnaise du commerce en l'aromatisant avec des herbes ou des condiments. De même, on peut servir un dessert acheté dans une pâtisserie, surtout si on le décore soi-même de quelques fruits de saison, d'une crème ou d'un coulis. C'est ce que j'appelle la « pâtisserie en kit ». Ce qui se fait beaucoup, c'est aussi de préparer le maximum à l'avance. Que ce soit des légumes, des viandes ou des poissons, la plupart des plats peuvent être conservés sous film alimentaire jusqu'au lendemain (si on reçoit, par exemple) pour être réchauffés tout doucement à l'arrivée des convives. Par exemple, un rôti de porc peut être tranché à l'avance et réchauffé tout doucement au four (80 °C environ) dans son jus, pendant que les légumes passent au four à micro-ondes. Un rôti de bœuf peut aussi chauffer au four (plus chaud) sans trop recuire, si on le tranche et qu'on le replace en « un bloc », en le servant dans des assiettes chaudes avec une sauce réchauffée à part.

De même, s'il ne faut pas tailler ou râper les crudités à l'avance, on peut facilement les éplucher et les passer au jus de citron, pour limiter la perte de vitamine en surface.

Il ne s'agit pas seulement de gagner du temps, mais souvent aussi de préparer les repas tranquillement dans une cuisine où les conditions d'hygiène sont mieux respectées, parce qu'on ne fait pas tout en même temps. En effet, le jour du repas, votre cuisine n'est plus envahie par ce qui a servi à la préparation : vous vous contentez de ramener la vaisselle et de dresser les plats déjà prêts.

Le plan de menu de Laurence

« Je compose mon plan de menus à l'aide de plusieurs livres de recettes et le nombre de convives varie beaucoup dans la semaine. Pour m'y retrouver, j'utilise un tableau comme celui-ci. »

Semaine du 18 avril

LUNDI	MARDI	MERCREDI	JEUDI	VENDREDI	SAMEDI	DIMANCHE
À faire	À faire	À faire	À faire	À faire	À faire	À faire
Courses	Laver salade	Griller aubergines Préparer soupe de jeudi		Cuire les carottes pour samedi		
MIDI (2)	MIDI (2)	MIDI (4)	MIDI (1)	MIDI (1)	MIDI (5)	MIDI (5)
Restes de dimanche	Reste de riz Salade composée	Croque-monsieur Salade verte	Plat cuisiné tout prêt	Reste de pâtes Charcuterie	Quiche lorraine Salade composée	Omelette Salade de fenouil (L)
SOIR (5)	SOIR (5)	SOIR (5)	SOIR (5)	SOIR (5)	SOIR (4)	SOIR (2)
Tartare de saumon (T) Concombre mariné Riz nature	Tartare d'avocats (T) Steaks	Purée d'aubergines Pommes de terre vapeur	Soupe au chou-fleur (L) Pâtes nature	Courgettes vapeur Lentilles	Carottes à la marocaine Taboulé	Plat décongelé à choisir

Les chiffres entre parenthèses correspondent au nombre de personnes présentes à chaque repas. Les lettres renvoient aux livres de recettes : ici, un livre sur les tartares (T) et un livre sur la cuisine des légumes (L). »

Cuisine vite-aminée

Si vous cuisinez déjà « sainement » et allez cueillir vos légumes dans votre potager, vous êtes une chanceuse ! Si vous faites partie de la catégorie « citadine qui court », cela semble toujours plus compliqué. Première bonne nouvelle, confirmée par tous les nutritionnistes : les légumes surgelés et en conserves sont aussi vitaminés que ceux que vous trouvez sur les étals de votre marché. Ils ont été congelés ou cuits et mis en conserves dans les heures qui ont suivi la cueillette, alors que les autres ont souvent traversé la France en camion pour arriver sur votre étal après plusieurs jours de voyage. Donc, inutile de culpabiliser quand vous préférez les petits pois de Surgelshop.

Deuxième bonne nouvelle : même s'il s'agit de produits plus chers, et parfois trop salés ou trop gras, vous avez le droit d'utiliser les produits tout faits ou « vite faits », avec parcimonie. Des pâtes « cuisson rapide » avec une délicieuse sauce maison, c'est meilleur au goût que des raviolis en boîte… et plus rapide que les macaronis complets. Arrêtez de penser tout bio ou tout OGM, tout maigre ou tout gras, tout frais ou tout fait : osez les mariages insolites pour gagner du temps, faire plaisir à tout le monde (oui, les enfants préfèrent les petits pois en boîtes, c'est comme ça), et vous simplifier la vie.

À noter

Composez vos menus en conciliant gourmandise et économie : les tomates, en décembre… c'est plus cher et moins bon qu'en juillet (voir Tableau 4.2 p. 90). Congelez aussi en fonction des saisons : quel bonheur de retrouver un gratin de courgettes quand la saison est terminée.

Pour aller plus loin

Schwartzbrod Delphine, *La cuisine du lendemain : l'art d'accommoder les restes*, Paris, Librio, 2001.

Nugon-Baudon Lionelle, *Bien se nourrir avec 10 F (1,52 €) par repas*, Paris, Librio, 2001.

Bisson Marie-Claude, *La bonne cuisine française*, Paris, Solar, 1999.

Annexe

Tableau 4.1 Exemple de liste de courses

☐ Papeterie	☐ Viennoiseries
☐ Piles	☐ Poisson
	☐ Fruits de mer
☐ Eau déminéralisée	☐ Préparations au poisson
☐ Nourriture animal	☐ Poulet
	☐ Lapin
☐ Mouchoirs	☐ Dinde
☐ Coton	
☐ Coton-tige	☐ Légumes
☐ Gel douche	
☐ Savon	☐ Salade
☐ Shampooing	☐ Herbes fraîches
☐ Après-shampooing	
	☐ Fruits
☐ Brosse à dent	☐ Fruits secs
☐ Dentifrice	
☐ Protection hygiénique	☐ Fromages blancs
☐ Mousse à raser	☐ Yaourts
☐ Lames de rechange	☐ Jus de fruits frais
☐ Pain	
☐ Lait	☐ Thé
☐ Œufs	☐ Tisane
☐ Beurre	
☐ Crème	☐ Fruits au sirop
	☐ Compotes
☐ Fromage	☐ Sucre
	☐ Farine
☐ Jambon	
☐ Charcuterie autre	☐ Levure

	☐ Sucre vanillé
☐ Plats cuisinés	☐ Décoration gâteaux
☐ Plats surgelés	
	☐ Produits diététiques
☐ Confiture	☐ Produits bio/équitables
☐ Miel	
	☐ Conserves de légumes
☐ Pâte à tartiner chocolat	☐ Conserves de poisson
☐ Café lyophilisé	
	☐ Céréales
☐ Pâte à tarte	☐ Pain de mie
☐ Pâtes fraîches	
	☐ Chocolat
☐ Huile	☐ Bonbons
☐ Vinaigre	☐ Biscuits
☐ Épices	
	☐ Riz
☐ Olives	☐ Purée
☐ Sauces	☐ Pâtes
☐ Mayonnaise	☐ Sauce tomate
	☐ Semoule
☐ Chocolat déjeuner	☐ Lentilles
☐ Biscuits apéritifs	
	☐ Couches
	☐ Petits pots
☐ Viande porc	☐ Lessive
☐ Viande agneau	☐ Produit lave-vaisselle
☐ Viande bœuf	
☐ Abats	☐ Papier toilette
	☐ Essuie-tout
☐ Vin	
☐ Jus de fruits	☐ Sacs poubelle
☐ Eau plate	☐ Éponge
☐ Eau gazeuse	
☐ Apéritif	

Tableaux 4.2 Acheter en saison

Viande/Volaille	Jan.	Fév.	Mars	Avril	Mai	Juin	Juil.	Août	Sept.	Oct.	Nov.	Déc.
Agneau	xxx	xxx	x	xxx		x						
Bœuf	xxx	xxx	x				x			xxx	xxx	xxx
Mouton	xxx				x	x	xxx			xxx	xxx	xxx
Porc	xxx	x	x						x	xxx	xxx	xxx
Veau			xxx	xxx	xxx	xxx	x			x		
Canard						x	xxx	xxx	xxx	x	x	x
Chapon	xxx	xxx										xxx
Dinde	xxx	x	x							x	x	xxx
Sanglier										xxx		
Oie	xxx	x									xxx	xxx
Pintade							xxx	xxx	xxx			
Poule	xxx	x	x	x	x	x	x	x	x	xxx	xxx	xxx
Poulet				€	x	xxx	xxx	xxx	xxx			
Lapin	xxx	x	x	x	x	xxx	xxx	xxx	x	x	xxx	xxx

Légende :

Pleine saison	xxx	Saison moyenne	x	Saison chère	€	Hors saison	

Légumes	Janv.	Fév.	Mars	Avril	Mai	Juin	Juil.	Août	Sept.	Oct.	Nov.	Déc.
Artichauts				x	x	xxx	xxx					
Asperges			€	€	xxx	x						
Aubergines			x	x	x	x	x	xxx	xxx	x		
Bettes						xxx	xxx	xxx	xxx			
Betteraves	x	x	x	x	x	xxx	xxx	xxx	xxx	x	x	x
Carottes	x	€	x	x	xxx	xxx	xxx	x	€	x	€	€
Céleri branches									xxx			
Céleri-rave	x	x	x						xxx	xxx		
Champignons										xxx	xxx	xxx
Choux	x	x	x	x		x	x	x	x	x	x	x
Choux-fleurs	x	x	x	x	x	x	x	x		x	x	x
Choux de Bruxelles	xxx	xxx	xxx	xxx							xxx	xxx
Chou rouge	x	x	x	x	x	x	x	x	xxx	x	x	x
Citrouille	xxx								x	x	x	x
Concombre					€	xxx	x					
Endives	x	x	xxx	xxx							x	x
Épinards			€	x	xxx	x	x					
Haricots verts					€	x	xxx	xxx				
Haricots blancs									xxx	x	x	

Légumes	Janv.	Fév.	Mars	Avril	Mai	Juin	Juil.	Août	Sept.	Oct.	Nov.	Déc.
Maïs						xxx	xxx	xxx	xxx			
Navets			x	x	x	x	x	x	xxx	x		
Oignons						xxx	x	x				
Oseille				xxx								
Poireaux						xxx	xxx	xxx				
Pois				€	xxx	x	x	x				
P. de terre nouvelles			€	xxx	x	x	x	x				
Pommes de terre	x	x			€	xxx	x	x	x	x	x	x
Laitue				xxx	xxx	xxx	xxx		xxx			
Cresson					xxx							
Mâche		xxx	xxx									
Batavia						xxx						
Romaine			xxx	xxx	xxx	xxx	xxx		xxx			
Tomates					x	x	xxx	xxx	€			
Légumes secs	x	x	x	x	x	x	x	x	x	x	xxx	x
Lentilles	x	x	x	x	x	x	x	x	x	x	xxx	x

Fruits	Janv.	Fév.	Mars	Avril	Mai	Juin	Juil.	Août	Sept.	Oct.	Nov.	Déc.
Abricots					€	€	xxx	xxx	xxx			
Amandes fraîches					€	€	xxx	xxx	xxx			
Ananas	xxx	xxx	x	x	x	xxx	xxx	xxx	xxx	xxx	xxx	xxx
Bananes	xxx	xxx	xxx	xxx	xxx	xxx	xxx	xxx	xxx	xxx	xxx	xxx
Cerises				€	€	xxx	xxx	€	€			
Châtaignes	xxx	xxx	€						€	xxx	xxx	xxx
Coings									xxx	xxx	€	
Figues								xxx	xxx	xxx	x	
Fraises				€	x	xxx	xxx	xxx				
Framboises							xxx	xxx	xxx			
Groseilles							€	xxx	xxx	x		
Mandarines	xxx	xxx	xxx							€	x	xxx
Noisettes fraîches							€	xxx	xxx	x		
Noix										x	xxx	xxx
Oranges	xxx	xxx	xxx	x	x	€	€	€	x	xxx	xxx	xxx
Pamplemousses	xxx	xxx	xxx	xxx	x	€	€	€	xxx	xxx	xxx	xxx
Pêches						€	xxx	xxx	xxx			
Poires	x	€	€	€	€	x	xxx	xxx	xxx	xxx	xxx	
Pommes	xxx	xxx	xxx	€	€	x	xxx	xxx	xxx	xxx	xxx	xxx
Prunes						€	x	xxx	xxx	x		
Raisin						€	xxx	xxx	xxx	xxx	xxx	€

Poissons et crustacés	Janv.	Fév.	Mars	Avril	Mai	Juin	Juil.	Août	Sept.	Oct.	Nov.	Déc.
Thon	x	x	x	x	xxx	xxx	xxx	x	x	x	x	x
Truite			xxx	xxx	xxx	€						
Truite saumonée	€	xxx					xxx	xxx	xxx	xxx		
Turbot	xxx	xxx	xxx	xxx	xxx	xxx	xxx	xxx	€	€	€	xxx
Crabe				xxx	xxx	xxx	xxx	xxx	xxx			
Crevette				xxx	xxx	xxx	xxx	xxx	xxx			
Ecrevisse				xxx	xxx	xxx	€	xxx	xxx			
Homard	xxx	xxx	xxx	xxx	xxx			xxx	xxx	xxx	xxx	xxx
Huître			xxx	xxx								
Langouste	xxx	xxx	xxx	xxx	xxx		€	xxx	xxx	xxx	xxx	xxx
Langoustine	xxx	xxx	xxx	xxx	xxx		€	xxx	xxx	xxx	xxx	xxx
Moule									xxx		xxx	

CHAPITRE 5

GÉRER LES PAPIERS

Au programme

- Quel système de rangement ?
- L'archivage
- Le rangement des papiers
- Le classeur de maison

« Ah ! La volupté d'abattre du travail comme on abat des arbres, de s'attaquer à une montagne de papier comme on escalade le mont Blanc pour donner, peu à peu, au bureau l'aspect du Sahara. »

Philippe Bouvard

Jolis papiers qui s'empilent sur un coin de bureau, factures oubliées, prospectus inutiles, documents de référence introuvables… Pourquoi ne pas piquer aux spécialistes des bureaux les bonnes méthodes pour organiser les papiers de la maison ? Trier son courrier au jour le jour, se rappeler des factures à payer, mettre au point un système de classement, créer un classeur de maison : dans ce chapitre, vous trouverez toutes les astuces pour libérer votre table préférée de ses envahisseurs.

Voici tout ce qui entre chez vous, à un moment ou un autre : prospectus, dépliants, journaux, magazines, catalogues, garanties et manuels d'utilisation, documentations, papiers provenant du travail, dessins des enfants, dossiers médicaux, relevés de banque, attestations diverses, factures, lettres, convocations, invitations…

Certains de ces papiers partageront votre vie pendant quelques années, la plupart d'entre eux ne devraient pas rester chez vous plus de quelques heures ou quelques jours (sauf s'ils glissent sous le canapé). Si vous êtes débordée, il se peut que vous accordiez un peu trop de valeur à ces papiers, ou que vous ne sachiez pas vraiment quoi en faire.

Parfois, si on a du mal à se mettre au rangement, cela signifie que le système ne fonctionne pas très bien… Un classement et un archivage opérationnels doivent vous permettre de retrouver n'importe quel papier en moins de quelques minutes, qu'il soit localisé sur votre bureau ou au grenier (mais pas sous le canapé).

Quel système de rangement ?

Réfléchissez d'abord à un système de classement logique

Le classement sert aux documents dont vous vous servez régulièrement.

Le meilleur système de classement est celui qui correspond à votre vie : par exemple, si votre famille se compose de quatre personnes, vous pourrez créer quatre dossiers *personnels*. À l'intérieur de chaque dossier personnel, créez des rubriques correspondant à chacun. Exemple : dans le dossier de Fille Aînée, vous créerez un sous-dossier pour la cantine du collège, un sous-dossier pour les bulletins trimestriels, un sous-dossier médical avec son carnet de santé, un sous-dossier *loisirs* contenant son inscription à la danse orientale, etc. Votre propre dossier pourrait comporter un sous-dossier *médical*, un sous-dossier *diplômes*, un sous-dossier *vie associative*, etc.

Ensuite vous créerez peut-être un dossier *fournisseurs maison*. À l'intérieur, un sous-dossier *télécoms* contenant vos contrats et les factures de l'année en cours, un sous-dossier *électricité* contenant votre contrat et les factures de l'année en cours, etc.

Puis un dossier *assurances* qui contiendra autant de sous-dossiers que d'assurances (maison, véhicules, responsabilité civile...). À l'intérieur, les contrats et les deux dernières attestations.

Votre dossier *banques* contiendra autant de sous-dossiers que de banques en relation avec vous et, pour chaque établissement bancaire, pensez à classer vos documents selon le type de compte (compte courant, compte d'épargne...).

Comment le faire vivre ?

Placez toujours le document le plus récent sur le dessus et, au moment où vous le classez, voyez s'il ne rend pas obsolète le document précédent. C'est le cas notamment des attestations d'assurance, des mises à jour de tarifs, des cartes de tiers payant... Dans ce cas, jetez le plus ancien. Pourquoi le garder s'il n'est plus valable ? Cette méthode vous permet de conserver des dossiers d'une taille raisonnable.

Plus votre classement sera détaillé, plus il sera efficace. Pensez toujours, au moment de votre classement : « Je vais avoir besoin de retrouver ce document plus tard. Comment vais-je faire ? » À éviter : « Je le mets là pour le moment, on verra plus tard ; je saurai bien le retrouver : j'ai une très bonne mémoire visuelle. » Vous vous doutez bien que si ceci peut marcher pour quelques documents, il est humainement impossible de faire de même pour la totalité de ce qui entre chez nous en plusieurs mois ! Sans parler des dates-limite que vous aurez probablement des difficultés à mémoriser si le document est profondément enfoui sous une pile.

Si vous vous apercevez que vous avez plus de douze sous-dossiers dans un dossier, c'est que, vraisemblablement, celui-ci était trop général. Il faut alors créer un dossier supplémentaire.

Un classement efficace nécessite non seulement des contenants adaptés (comprendre : assez spacieux) mais surtout l'acquisition d'un rythme pour classer les documents : hebdomadaire ? Mensuel ? À vous de voir. Pas trop long, en tout cas. L'idéal étant d'intégrer une tâche de rangement dans votre planning, comme expliqué au chapitre 3.

L'archivage

Le principe

L'archivage sert aux documents que l'on doit conserver « au cas où » et sur lesquels il faut pouvoir, quand même, mettre la main facilement. Il s'agit de documents plus ou moins importants mais qu'il nous faut conserver, pour des raisons sentimentales (souvenirs) ou légales (relevés bancaires, déclaration d'impôts, bulletins de salaire, etc.). Reportez-vous à notre tableau de conservation des documents administratifs pour savoir que garder et surtout sur quelle durée. Pour les lettres d'amour de votre ex, on vous laisse trancher.

Inspirez-vous des professionnels et utilisez des boîtes d'archives. Tout est dans l'étiquetage. Marquez trois faces de vos boîtes et identifiez précisément de quoi il s'agit. Exemple : lors d'un contrôle fiscal (nous croisons les doigts pour que cela ne vous arrive pas !) vous retrouverez plus facilement vos relevés de compte de 2003 à la banque Vos Sous, si vous avez pris soin de créer une boîte « Vos Sous/dossier 2003/comptes et placements ».

Vos archives, à l'inverse des documents classés, sont stockées loin de vous. Tant mieux, ça dégage de l'espace. Pour autant, veillez à ce que les conditions ne soient pas trop extrêmes : l'humidité et les rongeurs, en particulier, peuvent faire des ravages.

Comment le faire vivre ?

Vous alimentez vos boîtes d'archives une fois par an, lorsque vous « rafraîchissez » le contenu de vos dossiers de classement. Faites place nette près de vous et remplissez donc une boîte. En même temps, à chaque nouveau dossier qui entre dans votre système, vous pouvez faire sortir le plus ancien et le jeter. Ainsi, vous contrôlez également le volume de vos archives : vous avez en permanence dix ans de relevés bancaires, pas plus.

Un dossier prépare l'autre

Ouvrez un dossier *impôts* pour l'année à venir dès que vous avez envoyé votre déclaration de cette année. Vous y glisserez tous les documents nécessaires à votre déclaration, au fur et à mesure de leur arrivée.

Le rangement des papiers

Choisir le matériel

Les contenants dans lesquels vous choisissez d'entreposer vos documents n'ont pas vraiment d'importance. Utilisez des classeurs et des intercalaires, des chemises cartonnées avec ou sans rabat, des pochettes, des enveloppes, des bannettes, des paniers… comme vous voulez. L'essentiel est que vous puissiez identifier immédiatement, de l'extérieur, ce que vous cherchez. La couleur peut être d'une aide précieuse pour la localisation rapide des dossiers. N'hésitez pas à vous en servir. Dans tous les cas, étiquetez tout et veillez à ce que vos étiquettes correspondent vraiment au contenu (à moins que vous vouliez vraiment planquer les lettres de votre ex !).

À noter

> **La fabrication de papier recyclé consomme six fois moins d'eau et quatre fois moins d'énergie que la fabrication de papier neuf. La pollution qui en découle est divisée par vingt-cinq. Faites votre choix !**

Ne gardez sur votre bureau que ce qui est en cours, vraiment en cours. Vous pouvez très bien avoir une pile *à ranger*, que vous traiterez quand vous le déciderez. Si cette pile (qui ne doit contenir que des documents à ranger, bien entendu) devient trop haute, vos classements sont peut-être trop éloignés de vous ou votre système trop contraignant (classeur à manipuler, perforations à faire, catégories trop fines…). Vous avez peut-être « la flemme » de faire tous ces gestes pour ranger. Pensez à revoir votre système de classement en vous remémorant les principes du chapitre 2 (rangement 1 mouvement, 2 mouvements, etc.).

Des archives minimalistes

« Personnellement, j'archive tous mes documents administratifs par année. Au moment de faire ma déclaration d'impôt, je récupère toutes les factures, relevés et acomptes de l'année passée, et je mets tout dans une chemise marquée 2009, par exemple. J'ai sous la main une fiche de durée de conservation des documents, et sur la chemise, je mentionne le nom des documents et leur date de « péremption ». Cela donne, par exemple : 2009, relevés bancaires → 2019, déclaration d'impôts → 2015, etc. Ensuite, je reprends tous les dossiers des années précédentes et je les vide des documents périmés indiqués, que je raye sur la chemise. De cette manière, j'arrive à tourner avec deux boîtes d'archives depuis une dizaine d'années que je vis avec mon mari. »

Stéphanie, 34 ans, journaliste, 2 enfants

Trier ses papiers

Que vous ayez ou non un système de classement qui marche, vous avez sûrement dans un coin une pile de papiers « en attente », c'est maintenant que nous vous apprenons à vous en occuper.

Matériel requis : Post-it®, ciseaux, surligneur ou stylo, trombones, chéquier, agenda, enveloppes pré-timbrées, quelques grandes enveloppes, et… poubelle !

Une pile de papiers ou une fournée ordinaire de courrier se compose de documents :

- à TRANSMETTRE à l'un des membres de la famille ou à quelqu'un d'extérieur (la proposition de forfait pour le portable de Fille Aînée, la commande des enfants au Père Noël pour le comité d'entreprise) ;
- à RANGER, c'est-à-dire à classer soit pour consultation ultérieure (nouveau contrat d'assurance) soit avant archivage (bulletins de salaire) ;
- sur lesquels vous devez INTERVENIR immédiatement (la lettre de Tante Agathe à laquelle il faut répondre, la relance de la facture de cantine) ;
- à ÉLIMINER, c'est-à-dire à mettre tout de suite à la poubelle (publicité qui n'intéresse personne chez vous, journal que vous recevez gratuitement mais que personne ne lit…).

Nous avons donc imaginé le système **TRIÉ**. Vous prendrez donc chaque document, et le trierez en trois piles et une corbeille :

Transmettre

Ranger

Intervenir

Éliminer

Transmettre

Constituez des tas, par personne adulte, avec un Post-it® dessus comportant le nom du destinataire. Les tas seront disposés à l'endroit où la personne a le plus de chance de vraiment les lire. Si le destinataire n'appartient pas à votre foyer, mettez tout ce qui le concerne dans une grande enveloppe à son nom. Vous la posterez ou lui donnerez à l'occasion.

Ranger

Vérifiez d'abord si ce document exige une mise à jour de votre carnet d'adresses ou répertoire. Notez la nouvelle adresse ou le nouveau numéro de téléphone et jetez le papier s'il s'agit de son unique utilité. Sinon, classez ces documents dans leur dossier existant ou créez-en un, s'il n'existe pas encore. Nous avons constaté que ce tas, composé des « à classer », est celui qui donne lieu aux plus grosses piles de papiers abandonnés sur les bureaux. Et pour cause : en principe, y'a qu'à classer. Mais justement, qui se lève le matin en commençant sa journée par un bon tri de paperasse ?

Trier les bons d'achat

Ne découpez que ceux qui correspondent vraiment à ce que vous achetez d'habitude et mettez-les tout de suite dans votre porte-monnaie près de vos moyens de paiement, pour les voir en arrivant à la caisse. Rappelez-vous que personne ne vous oblige (même si on vous y incite gentiment et financièrement) à acheter le $n^{ième}$ dessert chocolaté d'une grande marque bien connue.

Régler les factures

Pour ce qui est des factures, soit vous êtes une « oublieuse », et vous avez intérêt à demander le prélèvement automatique pour le plus de factures possibles. Vous pouvez aussi payer vos factures à réception, tout simplement. Dans les deux cas, elles entrent dans la catégorie **Intervenir**. Si, pour des raisons financières, vous devez attendre un meilleur moment pour les payer, procédez comme suit :

- prenez vos ciseaux et découpez le bon à retourner s'il y en a un ;
- rédigez le chèque ou remplissez le TIP **tout de suite**. Voilà, c'est bien ça le truc : **tout de suite** ;
- rédigez et timbrez l'enveloppe. Attachez ensemble, à l'aide d'un trombone le paiement, le bon à retourner et l'enveloppe + un Post-it® comportant la date limite à laquelle vous voulez envoyer ce courrier (attention : pas la date limite de paiement !) ;
- mettez l'enveloppe en évidence pour être sûre de ne pas l'oublier le moment venu.

Intervenir

Le cauchemar du procrastineur. Si vous pouvez agir tout de suite, faites-le. Mais si vous devez reporter, ça va encore faire une pile dans un coin... Un peu d'aide ? Commencez par prendre Post-it® et stylo. Lisez attentivement le courrier en question. Neuf fois sur dix vous savez quoi faire ; prendre votre décision dix jours ou trois semaines plus tard n'y changera rien, n'est-ce pas ?

- Inscrivez sur votre Post-it® l'action à faire (soyez précise) et sa date-limite.

  Exemple : « répondre pour le 14 décembre 2013 » ou « à garder jusqu'au 18 mars 2014 » ou encore « retrouver facture pour pouvoir répondre ».
- Fixez le Post-it® sur le courrier et notez tout de suite la date prévue dans votre agenda.
- Agissez conformément à ce que vous avez vous-même prévu de faire.

Éliminer

Jetez immédiatement et impitoyablement... Oui, la vendeuse par téléphone des trois Cloches vous redonnera le précieux code promo. Non, ce relevé bancaire âgé de vingt-cinq ans ne vous est d'aucune utilité, même s'il mentionne l'achat de votre premier aspirateur (en panne au fond de la cave depuis vingt ans).

S'attaquer à la grosse pile de paperasse

Si vous avez une énorme pile de papiers en retard, ou si vous voulez reclasser TOUS vos documents et refaire votre système de classement, voici la marche à suivre :

- programmez plusieurs périodes d'une heure (vous trierez beaucoup en une heure) ;
- installez-vous à l'heure dite avec près de vous le matériel indiqué, et créez des piles correspondant au système TRIÉ ;
- prenez chaque papier UNE seule fois en main et mettez-le dans une des piles ;
- n'oubliez pas de vider la corbeille et de programmer du temps pour vous occuper de la pile INTERVENIR une fois le tri terminé.

Trois recommandations pour traiter efficacement vos papiers

Veillez à :

1. Avoir à portée de main le matériel listé ci-dessus (et si vous l'intégriez dans votre liste de course, comme expliqué au chapitre 4, pour ne jamais manquer de timbres ni d'enveloppes ?).
2. Traiter les papiers en étant concentrée sur cette tâche, et non en faisant autre chose en même temps. Concrètement, traiter le courrier en regardant la télévision ou en répondant au téléphone vous fait courir le risque de traiter « *temporairement* » chaque lettre et donc de recréer des piles. Et puis, entre nous, votre petit meuble dans l'entrée commence vraiment à être envahi : ne rajoutez donc plus de courrier...
3. Trier le courrier près de la poubelle pour y jeter directement tout ce qui doit l'être manifestement. Si vous mettiez une corbeille sous le petit meuble de l'entrée ?

Trier journaux, magazines et catalogues

Les journaux, magazines et catalogues sont des périodiques. Ce qui signifie que les informations qu'ils contiennent deviennent vite obsolètes. Essayez de vous débarrasser des quotidiens le lendemain de leur date d'achat, des hebdomadaires la semaine suivante, des mensuels le mois d'après etc. Idem pour les catalogues, qui ont une périodicité saisonnière ou annuelle. Un nouvel arrivé doit chasser l'ancien. Autant nous ne vous encourageons pas à garder l'intégralité de tous les magazines, autant nous pensons qu'ils sont précieux comme source d'inspiration.

Voici quelques habitudes à prendre pour ne plus être encombrée ni perdre du temps :

- Une adresse vous intéresse ? Notez-la sur un Post-it®, collez celui-ci dans votre agenda à la date où vous pourrez visiter cette boutique et jetez le magazine ou garnissez-en la salle d'attente de votre médecin.
- Un article vous intéresse ? Lisez-le. Puis jetez le journal. Un dossier vous passionne ? Découpez-le et gardez-le dans une chemise ou un classeur étiqueté « *décoration* », par exemple...
- Datez tout cela. Pensez qu'il faudra aussi faire un tri là-dedans un jour...

Le classeur de maison

Dans vos dossiers, il y a des documents que vous avez l'impression d'aller chercher en permanence… Quelquefois, ils finissent par se faire afficher dans un coin de la maison ou sur le frigo (mais ça tombe !).

Si vous en avez assez de courir après ces papiers, réunissez-les et classez-les dans un « classeur de maison ». Choisissez un beau classeur de couleur vive (que vous pouvez repérer de loin), trouvez une série de pochettes transparentes et mettez-y tout comme ça ; vous aurez le temps, dans quelques jours, d'y ajouter des intercalaires, si nécessaire. Ce classeur peut être en évolution permanente, mais vous devez savoir ce qu'il y a dedans.

Bien sûr, si vous avez un agenda modulaire, certains de ces documents s'y trouvent depuis longtemps. Mais d'autres sont réellement d'usage familial. Voici tout ce qui pourrait s'y trouver, par exemple : une fiche de suivi des commandes par correspondance, une fiche d'infos d'urgence (urgences médicales et policières, numéros à joindre en cas d'urgence, adresse de la maison), une liste des numéros « pros » qu'on appelle souvent (médecins, écoles, mutuelles, baby-sitter…), et une autre pour les numéros persos (membres de la famille proches), sauvegarde de votre carnet d'adresses (physiques et courriel) informatisé, toute la gestion des cadeaux de la famille, documents en rapport avec l'école, la garderie, votre plan de ménage, votre plan de menu, des menus de restauration à domicile, les horaires de bus, de la bibliothèque municipale, de la piscine, une fiche médicale par membre de la famille (numéros administratifs, dates des vaccins, antécédents, allergies), une liste de bagages et de préparatifs de vacances, et accessoirement des fiches indiquant clairement où retrouver des documents importants, en cas de malheur.

Classer les documents reliés

« J'aime bien les classeurs, et j'y range la plupart des manuels d'utilisation dans des pochettes perforées. Il en existe même à soufflets qui permettent de ranger verticalement des documents très épais. »

Laurence, 40 ans, conseil en organisation, 3 enfants

Le même fonctionnement pour tout

Idéalement, pour vos affaires personnelles, votre ordinateur devrait présenter le même classement que vos dossiers papier (exemple : un dossier Assurances, un dossier Banques etc.). Ajoutez des répertoires par projet, un classement en moins de trois niveaux, des noms de fichiers explicites et contenant éventuellement la date de création (ex. : emploi du temps Fille Aînée 2009 09.doc) puis des sauvegardes régulières et vous tirerez vraiment profit de votre ordinateur. Si vous partagez votre PC avec les enfants, leurs jeux sont à installer dans un répertoire à part. Les fichiers de données ne doivent pas être mélangés avec les programmes.

À noter

Quand vous trouvez de jolies cartes à un prix raisonnable, faites une provision. Avec ou sans inscriptions, vous pourrez les adapter et elles seront toujours plus jolies que ces étranges cartes, avec des inscriptions ringardes en doré, que votre papeterie de quartier n'arrive pas à écouler.

Pour aller plus loin

Georges Patrick M., *Gagner en efficacité*, Paris, Eyrolles, 2004

Annexe

Tableau 5.1 Durée de conservation des documents administratifs

Assurances		
Contrats habitation et automobile	10 ans	Votre responsabilité peut être recherchée pendant dix ans. Les contrats qui la couvrent doivent être conservés pendant au moins ce délai.
Contrats d'assurance décès et d'assurance vie	indéfinie	Le plus important, c'est que les bénéficiaires en retrouvent la trace.
Quittances de prime	2 ans	L'assureur n'a que deux ans pour les contester.
Cotisations d'assurance vie	5 ans	Si vous bénéficiez d'un crédit d'impôt.
Résiliation	2 ans	Conservez le double du courrier et l'avis de réception.
Dossier de sinistre	10 ans	Courriers et preuves de versements doivent être conservés dix ans après la fin de l'indemnisation. Plus longtemps, si des séquelles (médicales surtout) sont à craindre. Délai ramené à 2 ans, à l'exclusion de toute question de responsabilité, si vous avez affaire à votre propre assureur.

Automobile		
Contraventions	2 ans	La prescription des poursuites est d'un an, mais celle des peines de deux ans.
Facture d'achat		Aussi longtemps que dure la garantie.
Facture de réparation	30 ans	Ce délai démarre à partir de la revente (vices cachés).
Brevet Sécurité Routière		Jusqu'à l'obtention du permis.

Banques		
Bordereau de versement	10 ans	C'est votre seule preuve de remise d'argent.
Chèque à encaisser	1 an	Il est imprudent de laisser traîner un chèque aussi longtemps.
Talon de chéquier	30 ans	Ce délai correspond à celui de l'action civile, le talon permettant de garder la référence du chèque.
Prêt à la consommation	2 ans	Le contrat doit être conservé de deux à dix ans après.
Prêt immobilier	10 ans	Le règlement de la dernière échéance du crédit.
Relevé de compte	10 ans	N'oubliez pas de les vérifier avant de les classer.
Valeurs mobilières	5 ans	Délai pour réclamer coupons, intérêts et dividendes. Gardez les avis d'opéré pendant la détention des titres.

Familles		
Contrat de mariage	Indéfinie	Le notaire peut en délivrer une copie.
Jugement de divorce	Indéfinie	Pour une pension alimentaire, le délai est de 5 ans.
Donations	Indéfinie	Preuves à conserver pour éviter tout litige lors de l'ouverture de la succession ou face au fisc.
Livret de famille	Indéfinie	En cas de divorce, en demander une copie.
Reconnaissance de dette	30 ans	Ce délai court après la fin du remboursement.

Impôts et taxes		
Déductions fiscales	3 ans	Conservez les justificatifs.
Impôts locaux	1 an	La taxe de l'année de référence peut être contestée par l'Administration jusqu'au 31 décembre de l'année suivante.
Impôts sur le revenu	3 ans	Conservez les justificatifs.
Preuve du paiement des impôts	4 ans	
Redevance télévision	3 ans	

Honoraires		
Mandat à agent immobilier	10 ans	Les honoraires sont libres, soyez précis dans le contrat.
Avocat	5 ans	Les frais et salaires peuvent être réclamés pendant 5 ans.
	30 ans	Mais les honoraires pendant 30 ans.
Huissier	1 an	Si vous êtes client. Si vous êtes poursuivi par lui, ne laissez surtout pas filer le temps.
Notaire	5 ans	Pour un acte relatif à un décès, le délai part du décès.

Logement		
Charges de copropriété	10 ans	Même délai pour les correspondances avec le syndic.
Contrat de location	5 ans	Délai pour contester loyers et charges (conserver quittances et état des lieux).
Règlement de copropriété	Indéfinie	Même durée pour les comptes rendus d'assemblée générale.
Titre de propriété	Indéfinie	Aussi longtemps que vous ne revendez pas.
Travaux	10 ans	Même délai qu'en matière de garantie décennale.

Santé		
Bordereau de Sécurité sociale	2 ans	Ce délai s'applique à la Sécurité sociale en cas de reprise de trop perçu.
Certificats médicaux	Indéfinie	Radiographie, analyses, carnets de santé, etc., pourront être utilement consultés en cas de récidive de l'affection.
Hôpital	30 ans	Les frais de séjour peuvent être réclamés pendant 30 ans. 10 ans pour une clinique privée et 4 ans pour un établissement public ayant un comptable public.
Ordonnances, dossier médical (paiement des honoraires)	2 ans	À conserver au moins jusqu'à la fin du traitement. En revanche, une action en responsabilité contre un médecin n'est prescrite qu'au bout de 30 ans.

Vie professionnelle		
Allocations chômage	Indéfinie	Les Assedic peuvent réclamer un trop perçu pendant 5 ans.
Bulletins de salaire	Indéfinie	Pour votre retraite, vous devez justifier vos revenus,
Contrat de travail	30 ans	et jusqu'à la retraite, tout ce qui touche votre emploi.
Relevé de points des caisses de retraites	30 ans	Pour le calcul de votre retraite, classez méthodiquement tout ce qui a trait à votre activité professionnelle.

Source : DGCCRF

CHAPITRE 6

PRÉPARER LES VACANCES

Au programme

- Vacances à la maison
- On part en vadrouille

« Les voyages forment la jeunesse, a dit un sage, mais ils déforment les chapeaux. »

Alphonse Allais

Les vacances : fatigantes ? Non… préparer le voyage, faire les sacs, conduire pendant des kilomètres en écoutant Henry Tournelle, oublier le papier toilette pour la location, occuper les enfants quand il pleut. Faire encore le ménage et la cuisine sur place… Pour de vraies vacances, reposantes, ce chapitre offre des astuces pratiques pour les valises, le trajet, la préparation, et s'amuser le plus possible.

Autant le dire, il y a plusieurs sortes de vacances : les vacances au Club Deluxe en amoureux ne sont pas pour tout le monde et il est rare qu'on puisse se les offrir cinq semaines par an. Par contre, les vacances à la campagne chez Belle-Maman parce qu'elle veut voir les petits ; les séjours en location à la montagne pour changer d'air en plein hiver ; les vacances scolaires où il faut caser les enfants alors qu'on est débordée de travail, ou celles où il faut occuper les adolescents qui n'aiment que traîner devant la télé, on en a quelques-unes dans l'année…

Vacances à la maison

Rester à la maison pendant que les enfants n'ont pas école comporte des avantages : pas d'horaires, plus de courses du matin, pas tellement du soir non plus… mais, pour certaines, que les journées sont longues avec des petits dans les pieds toute la sainte journée ! Alors qu'est-ce qu'on fait ?

Changer mes rituels ?

Cette question-là vous a sûrement effleuré l'esprit lorsque nous vous avons demandé de rédiger des rituels et des plans de ménage. Vous avez peut-être institué le ménage du jeudi matin, parce que, mère au foyer ou travaillant à temps partiel, vous savez que vous le ferez en une heure, quand les enfants sont à l'école. Mais pendant les vacances ?

Bien sûr, en temps normal, vous tâchez de vous lever à 6 h 30 chaque matin de la semaine pour déjeuner avec votre mari tout en étant prête pour 8 heures. Mais faut-il se lever aussi à l'aube quand il n'y a pas d'école ?

La réponse est « ça dépend ». Chez vous, autant que possible, maintenez le maximum de vos rituels tels que vous les avez définis. Ils vous facilitent la vie, ce serait dommage de les oublier juste au moment où la vie devrait être facile en tout point. Mais osez déplacer les horaires, si vous avez plus de temps, pour gagner plus de sommeil ou de détente. Osez retirer une ou deux tâches pour rendre la vie plus douce à toute la maisonnée : pourquoi ne pas passer au pique-nique pour le déjeuner des vacances d'été ? Comme ça, pas de vaisselle ! Et puis, si votre ménage du jeudi matin vous prend plus de temps, quelle importance ? D'autant qu'il serait judicieux de partager ces tâches ménagères avec vos enfants ; après tout, les vacances peuvent servir à ça aussi : apprendre des compétences vitales comme le ménage !

Les occuper toute la journée...

Bizarrement, certains enfants adorent les vacances à la maison : ils ont tous leurs jouets sous la main, leurs parents aussi, et personne ne les oblige à courir au club-8-12 ou au Château de Moyen-Âge-Ville qui en apprend tant sur l'Histoire qu'on en a plus mal à la tête qu'après le cours de M. Trognon. Alors, avant de penser à les occuper vous-même, posez-leur la question : « Qu'est-ce que vous voudriez faire, qui soit dans la limite de notre budget ? ». Mieux, s'ils savent écrire, demandez-leur une liste de tout ce qu'ils peuvent faire sans vous et de tout ce qu'ils voudraient faire avec vous.

Une fois que vous aurez réuni de votre côté des infos sur les séjours et colonies de vacances, les centres de loisirs locaux, les stages, et les événements prévus dans la ville (passez à l'office du tourisme, si vous en avez un !), vous compléterez avec eux une liste « anti-ennui ».

Que vous restiez à la maison ou que vous confiiez vos enfants à une baby-sitter, réfléchissez ensemble à un programme qui recueillera l'assentiment de chacun.

Rappelez-vous que les activités les plus amusantes ne sont pas forcément les plus chères ou les plus compliquées : pique-nique au square voisin, piscine, tournoi de ping-pong, zoo, plage, maisons vertes, bibliothèques, chasse au trésor, avec un peu de créativité on fait de son quartier un grand terrain de jeu.

Adoptez la stratégie du sac : préparez des sacs pour chaque type d'activités extérieures ; soyez prêts, s'il fait beau, à partir pique-niquer au parc ou bronzer au bord de la piscine municipale. Vous attraperez le sac de piscine (ou de patins à glace), glisserez dedans un paquet de biscuits et une boisson et hop, on y va. Préparez aussi des kits (dans une boîte ou un sac) contenant de quoi s'adonner à une activité intérieure (travaux manuels, notamment).

Pensez aussi à laisser du temps libre aux plus jeunes, pour rêver un peu… Et encouragez les ados à s'activer, quitte à les aider à trouver un petit boulot (nettoyer votre voiture ou nourrir les chats du quartier contre quelques deniers) ou une activité bénévole.

N'oubliez pas que, mère au foyer ou travailleuse, ces vacances peuvent aussi être les vôtres ! Si vous avez quelques moyens, utilisez-les pour demander les services d'une femme de ménage ou d'une adolescente de la famille pour jouer avec les enfants pendant que vous bouquinez dans un coin.

On part en vadrouille

Lorsque toute la famille part en voyage, l'organisation se complique. En effet, on ne fait plus attention, à force, à tout ce qu'on possède à la maison qui nous facilite la vie. Alors, pas d'horaires, d'accord, mais si c'est pour oublier tout le confort de la maison simplement pour se dépayser, au secours !

À noter

> **Dans certains pays et certaines formules de vacances, les chambres sont pourvues de quelques appareils électroménagers simples, qui peuvent vous permettre de stocker un pique-nique au frais (mini-bar) ou de vous faire un café « chez vous » (bouilloire). Vous pouvez aussi apporter une bouteille thermos à faire remplir d'eau bouillante, avec quelques sachets de thé ou de café.**

Organiser les vacances

Organiser les vacances, c'est d'abord réserver tout le nécessaire à temps. Embarquer une famille de quatre personnes à l'autre bout du monde, ou même du pays, sans le prévoir quelques semaines à l'avance, c'est peine perdue. Donc, dès que la décision est prise, notez de suite les démarches à faire dans votre agenda. En général, considérez que, pour une famille avec enfants, on réserve ses vacances le plus tôt possible : d'une fois sur l'autre pour les destinations les plus courues.

Ensuite, quelques jours avant le départ, prenez la peine de faire une liste de **tout ce que vous devez faire avant de partir**, ce qui dépendra de la longueur de votre séjour, de la manière dont vous vous déplacez et du genre de vacances que vous pratiquez (camping à Palavas ou jet privé pour Tombouctou, ce n'est pas la même stratégie !).

Il faudra penser à :

1. Vous assurer d'un voyage agréable (révision de la voiture, bonne réservation des places de train et avion, réparation des vélos ou achat de bonnes chaussures, vérification de l'itinéraire).
2. S'assurer que chacun possède tous les papiers nécessaires (particulièrement si on va passer une frontière) et des photos d'identité pour les forfaits du ski, par exemple.
3. S'assurer de la santé et des vaccinations de chacun, surtout si on part dans un endroit où les médecins sont difficile d'accès, prévoir la poursuite des traitements médicaux sur place.
4. Prévoir la surveillance de tous les êtres vivants qui ne partent pas (animaux de compagnie, plantes), ainsi que tout ce qui sera utile à leur « entretien » (litière, engrais, mouches pour l'iguane…).

5. Prévoir la gestion du courrier, des courriels (les boîtes aux lettres débordent vite !) et du répondeur si on part longtemps.
6. Faire une liste de tout ce que vous devez emmener dans vos bagages, et vérifier dans vos armoires qu'il ne manque pas le principal… de quoi aurez-vous l'air avec vos tennis Fashion dans trois mètres de neige à Ski 2000 ? (Voir Tableau 6.1, p. 125)
7. Informer quelques proches du départ et leur donner de quoi vous joindre sur place, en précisant qu'en vacances, vous n'êtes plus standardiste ; en profiter aussi pour leur confier un double des clés s'ils n'habitent pas trop loin et que ça vous rassure.
8. Penser à inclure dans cette liste tout ce que vous risquez de ne pas trouver à Troutrou-les-Lointains ou bien à un prix prohibitif (au point-service, il ne reste en général qu'un seul paquet de couches, à deux fois son prix habituel !).
9. Si possible penser à tout ce qui rendra votre séjour plus agréable, comme par exemple pré-adresser et timbrer une série d'enveloppes où vous n'aurez qu'à glisser les cartes postales dès qu'elles seront écrites (ça limite la « corvée »).
10. Envisager de sécuriser votre domicile (prévoir le passage régulier d'un ami, débrancher les appareils ménagers « à risque » de surchauffe, et se débarrasser de tout ce qui peut moisir ou dégager une odeur nauséabonde – ordures, cendriers, vaisselle sale, linge mouillé enfermé dans le lave-linge…).
11. Et penser au retour, qui suit souvent un voyage fatigant et moins joyeux qu'à l'aller : alors un repas simple à préparer sera le bienvenu, ainsi qu'une maison la plus en ordre possible.

À noter

En pique-nique et en voyage, plutôt que des briquettes de boissons et des snacks individuels (qui multiplient emballages et déchets), privilégiez gourdes, verres à couvercle et boîtes réutilisables.

Les enfants et le tourisme

Quand vous choisissez les lieux de visite, souvenez-vous :

- les enfants sont dans l'action, ils s'intéressent peu aux paysages ;
- ils adorent les animaux ;
- ils n'aiment pas attendre (même dans un parc d'attraction) ;
- ils aiment (malgré tout) les grands monuments populaires, tels que la tour Eiffel ! ;
- il existe de plus en plus de livres de tourisme pour enfant, à trouver dans les librairies de nombreux musées.

Dans votre journée touristique, ne prévoyez pas plus d'une visite avec un enfant de moins de six ans, et programmez obligatoirement un moment où il pourra s'asseoir et un autre où il pourra courir. Et puis, ne vous faites pas une montagne si vous devez annuler une visite pour cause de môme insupportable, et oubliez pour un temps les visites guidées.

Faire les bagages

Selon le mode de transport et le lieu du séjour, on choisira différemment ses sacs et valises. Cependant, même en voiture, mettez le maximum de choses dans des sacs facilement transportables, sinon, le bagagiste (vous-même, éventuellement Votre Conjoint…) finit ses vacances avec un lumbago en râlant : votre grosse cantine en métal et dix sacs en plastique, n'en jetez plus ! Et souvenez-vous qu'une vilaine fée fait grossir au retour de vos vacances le volume des affaires à transporter ; alors, pliez un sac solide au fond de votre valise, comme sac de secours.

Difficile de prévoir les vêtements, mais faites dans la simplicité : des choses faciles à assortir entre elles et faciles à laver (à la main ou dans une laverie). Et prenez ce petit haut à paillettes à assortir à votre bon vieux pantalon noir si vous espérez vraiment le passage du Prince Charmant…

Pour réduire la taille de la trousse de toilette, transvasez le contenu des grosses bouteilles de shampooing et de certains cosmétiques (lait de toilette, par exemple) dans de plus petits flacons. Ou collectionnez les échantillons...

Spécial campeurs

- Avant de partir, vérifiez votre matériel de camping et changez ou faites réparer ce qui est défectueux (fermeture éclair de tente, cartouche de gaz, couverts perdus, duvets décousus…)
- Évitez de prendre des valises : elles peuvent ne pas tenir dans l'abside de la tente. Or, si elles touchent la toile un jour de pluie, vous aurez des fuites à l'intérieur de la tente.
- N'oubliez pas une longue ficelle et des pinces à linge, un produit multi-usage lessive/vaisselle/nettoyant à tout faire, une cuvette (on y baigne les petits, on s'en sert pour transporter la vaisselle jusqu'au point d'eau), au moins un couteau suisse, une lampe de poche (si votre tente le permet, en prendre une qui s'accroche à l'intérieur du toit : on y voit plus clair), une pelle pliable (pour creuser des rigoles autour de la tente en cas de temps très humide).
- Prenez le moins de vaisselle possible mais au moins deux gamelles de tailles différentes.
- Privilégiez les serviettes de toilette en nid d'abeille : plus fines et plus légères que les autres, elles absorbent mieux et sèchent bien plus vite.
- Si vous dormez en duvet, pensez au « sac à viande », le drap qui se glisse à l'intérieur : en cas de petit accident nocturne, il est plus facile à laver et plus rapide à sécher que le duvet.
- N'oubliez pas les « pains à glace » qui permettent de maintenir le froid dans la glacière.

Si vous avez un long trajet en avion, vous serez séparée de vos bagages, avec un risque (trop souvent vérifié) de retard ou même de perte. Pensez donc à retirer toutes les anciennes étiquettes de destination pour que votre sac ne parte pas à Singapour (qu'il connaît déjà) pendant que vous filez à New York. Prévoyez un petit sac à garder en cabine comprenant au moins de quoi changer et coucher une fois toute la famille. Et surtout, rien d'irremplaçable dans une valise en soute : gardez en cabine argent, papiers, billets de retour, ordonnances et tous vos biens les plus précieux. Ces remarques sont aussi valables si vous choisissez d'enregistrer vos bagages auprès d'une compagnie ferroviaire.

Si vous partez en voiture, et que vous avez un garage, pensez à charger votre voiture la veille du départ, c'est ça de moins à faire le lendemain…

Voici quelques conseils de Diana Pemberton-Sikes, conseiller en image.

Pour arriver à rentrer en une seule valise ce dont j'ai besoin pour mes vacances :

- *je consulte les prévisions météo ;*
- *je fais la liste des activités que j'aurai sur place (tourisme, sorties le soir, golf, repas d'affaires, etc.). Et je m'informe sur le style vestimentaire de la région ou du pays où je me rends ;*
- *je choisis des couleurs de base qui vont ensemble, comme noir-blanc-bleu-rouge ou marron-crème-pêche, pour avoir des vêtements qui s'assortissent tous entre eux. J'ajoute juste quelques accessoires et une ou deux paires de chaussures ;*
- *je préfère les éléments séparés aux ensembles ou combinaisons. Je peux ainsi constituer plusieurs tenues plus facilement. Par exemple, le pantalon noir se complète d'une chemise blanche dans la journée et d'un petit haut un peu sexy le soir : deux tenues différentes avec trois éléments ;*
- *je choisis des matières qui supportent les valises : maille, gabardine, jean voyagent mieux que lin, soie et coton. Alors, à moins d'avoir un fer à repasser sur place… je préfère les premières ;*
- *je fais une liste de choses à emporter. En plus de m'aider pour faire ma valise, elle peut être donnée directement à l'employé de l'aéroport qui gère la perte de mes bagages ! ;*
- *je garde mon maquillage et mes médicaments avec moi.*

Voyager zen

Par mode de transports, voici un florilège de nos meilleurs trucs et astuces.

Pour tous les voyages longs avec des enfants, il faut trouver de quoi les occuper. Certains partent à l'aube pour que les monstres finissent leur nuit dans la voiture, bonne idée quand on s'en sent capable. On peut même les mettre dans la voiture en pyjama et les laisser s'habiller en route ! Pensez aussi à des petits cadeaux qui serviront pendant le voyage (nouveau CD, cartes à jouer, jeux de voyage…) mais surtout pas trop de petites pièces, n'oubliez pas que vos enfants sont collés au siège jusqu'à 10 ans et que vos bras ne sont pas extensibles ! Ajoutez quelques petits bonbons et autres grigris sans miettes.

Il existe des livres très sympas sur les jeux à pratiquer sur les longs trajets... Investissez si vous avez quelques enfants à transporter. Un bon truc aussi pour ceux qui savent compter : donnez-leur une petite somme à dépenser en vacances juste avant le départ, et expliquez le contrat « le premier qui demande quand on arrive ou qui se dispute me rend une pièce ». Il paraît que ça marche...

Les enfants ont faim

Les enfants n'ont jamais faim quand il faut... mais insistez autant que possible pour qu'ils dévorent au petit déjeuner, parce que « Enfant affamé = enfant énervé ».

Ayez quand même de quoi grignoter et boire en permanence, sinon, votre argent de poche passera en Chocobarres et en Chipstelles, ou en canettes de soda...

Avant de partir dîner au restaurant, prévoyez d'emporter de quoi dessiner dans votre sac.

En prenant place à votre table, commandez immédiatement de l'eau et du pain : vos enfants patienteront plus calmement.

En voiture, pour que le chauffeur ne devienne pas fou en entendant hurler Maman-cheftaine et en prenant des coups de pieds dans le dos pendant toute la route... :

- Ne partez pas sans une carte de votre itinéraire, les coordonnées de votre lieu de vacances, des pneus assez gonflés et un réservoir plein de carburant !
- Arrêtez-vous toutes les deux heures au moins. Quitte à garder les bonbons pour appâter les monstres qui ne veulent plus quitter les jeux de l'aire de repos. Pour que les enfants se défoulent, prévoyez un ballon ou une corde à sauter facilement accessibles dans le coffre... La plupart des réseaux d'autoroutes ont un site internet qui peut vous permettre de repérer vos aires de repos idéales.

- Bébé est bienvenu sur l'autoroute : les stations-services sont en général pourvues d'une « nursery » (en fait d'une table à langer et d'un chauffe-biberon), et certaines aires accueillent des relais-bébé bien pratiques en cas de pluie pour changer bébé et lui donner son lait au calme et à l'abri (sinon, à vous la gymnastique dans la voiture). La plupart des restaurants et cafétérias d'autoroute possèdent des espaces de jeux ainsi que des chaises-hautes…
- Évitez d'emporter des choses qui fondent, même si ça ne se mange pas. Les crayons à la cire, ça peut tacher.

Vomitou part en vacances

Vomitou aussi doit faire de longs voyages en voiture (ou en train… ou en car) :

- On lui interdit toute lecture et toute observation de petits détails qui l'obligent à fixer son regard à l'intérieur de la voiture.
- Proposez-lui des jeux qui l'obligent à regarder dehors (« *Compte les voitures vertes* ») ou des cassettes d'histoires racontées ou de chansons qu'il aime (et que vous n'aimez pas, on sait).
- Évitez toute odeur forte, surtout celle du tabac.
- Essayez de voyager aux heures où Vomitou dort…

Rendez le sac de Vomitou le plus accessible possible au cas où il doive être changer, et soyez prête dans la voiture, à brandir un sac (dit « sac à vomi ») ou une couche de bébé (c'est très absorbant) sous sa bouche au moment opportun. En cas de catastrophe, prenez votre courage à deux mains et sortez votre rouleau de papier essuie-tout.

En avion et en train :

- Certains trains disposent d'espaces nursery et de coins « famille » avec quatre sièges entourant une table. Renseignez-vous au moment de la réservation.
- Si vous le pouvez, payez une place pour Pepette. Celles qui ont tenté de boire un jus de fruits avec un bébé sur les genoux comprendront… Et dès que l'enfant est mobile, demandez à avoir des sièges proches du couloir.
- En avion, les enfants en bas âge embarquent les premiers, avec leurs parents évidemment… Alors précipitez-vous dès

l'annonce. Et sortez tétines, biberons, seins, chewing-gum et autres bonbons à l'annonce du décollage, pour déboucher les oreilles.
- Ayez une tenue de rechange par enfant dans un sac avec vous. Entre les boissons qui se renversent et « *Maman, j'arrive pas à décrocher ma ceinture pour aller aux toilettes* », un accident est vite arrivé.

De la méthode avant toute chose...

« Avec des petits à bord, et des voyages en voiture pleins d'imprévus, on arrive souvent tard le soir à destination, et parfois, une escale supplémentaire s'impose. En préparant le sac, j'en choisis toujours un qui regroupe ce dont on aura besoin dès l'arrivée : une tenue de rechange pour chacun, pyjamas et turbulette, doudous, quelques couches, un repas rapide à préparer, les trousses de toilette et une histoire à lire aux petits. Et je dis à mon mari : « *Commence par ramener le sac jaune* » de manière à ce que, quand il a fini de vider la voiture, les enfants soient déjà en pyjama en train de dîner... »

Valérie, 35 ans, secrétaire, 2 enfants

À prévoir sur place

La première précaution en arrivant sur place avec un enfant est de vérifier que tout est bien sécurisé pour lui. Oui, même dans la vieille maison de Tante Agathe. De nombreux accidents domestiques ont lieu ailleurs qu'au domicile des enfants. Coins aigus, cordes à rideaux et à stores, température de l'eau chaude, lit-bébé prêté, accessibilité des fenêtres, lits superposés, bassins à poissons, escaliers et piscines : **vérifiez tout**.

Pensez à conserver sur vous une photos de vos enfants, au cas où ils se perdraient, pour pouvoir la montrer aux passants.

Préparez votre retour : quand vous aurez rangé votre linge sur les jolies étagères de votre chambre éphémère, choisissez un bagage et faites-en votre sac à linge sale. Comme ça au retour, on vide directement ce sac-là près du bac à linge familial au lieu de passer deux jours à trier.

À noter

Ce qui vous manquera dans votre location :

- un couteau qui coupe pour le bon saucisson local ;
- le papier aluminium pour le pique-nique du club enfants et les sandwiches sur la plage ;
- un torchon et une éponge ;
- un produit en berlingot qui fait tout dans la maison et qui mousse (trop) ;
- une petite savonnette à abandonner sur place ;
- une lampe de poche pour retrouver, la nuit, la serrure de la porte en revenant de la fête du village ;
- un réveil de voyage pour ne pas rater l'heure de remise des clefs le dernier jour ;
- votre tasse préférée (sinon, c'est petite tasse ou gros bol) ;
- la bonne marque du petit déjeuner de chacun (oui, Pierrette l'épicière n'a pas de Chocoquick, mais du Chocopoudre qui fait des grumeaux à la surface du lait).

Vous partez à plusieurs familles

Disons-le tout net, vous n'avez pas fait le choix des vacances les plus décontractées. Certes, c'est moins cher à plusieurs (surtout si c'est la maison de Papy), mais… il va falloir y mettre du vôtre pour que tout se passe bien.

Première astuce : partez avec une famille dont les enfants ont à peu près le même âge que les vôtres. Quand vous passez vos vacances avec des enfants de tranches d'âge différentes, c'est souvent table ouverte permanente : petit déjeuner de 7 heures du matin (pour les petits), à 12 h 30 (pour les ados) puis déjeuner de 11 h 30 (petits) ou à… point d'heure (ados)… Mais qui range derrière eux ? Et comme vous ne pouvez pas faire de réflexion et que personne ne souhaite subir votre discipline… Si c'est impossible, négociez des horaires et décidez ensemble que, comme au restaurant, quand les cuisines sont fermées, on se débrouille tout seul, y compris pour le rangement.

Deuxième astuce : mettez-vous d'accord avant le départ sur le principe de la cagnotte. Chaque famille, en fonction du nombre de personnes, apporte une somme d'argent en liquide au « pot commun », qui servira pour les courses. Décidez avant si les petits comptent pour des demi-parts.

Troisième astuce : formez des équipes. Dès le début, des équipes sont constituées, chacune responsable d'un groupe de tâches : l'équipe 1 fait les courses, la cuisine et le nettoyage de la cuisine le premier jour, pendant que l'équipe 2 se charge du jardin et du nettoyage de la piscine. Et on tourne. L'astuce consiste à créer des équipes hétérogènes, toutes familles confondues, en incluant aussi les jeunes enfants. Ainsi, les corvées sont partagées, les critiques sont réduites, la monotonie aussi (« *Encore une salade de tomates !* »).

Pour aller plus loin

Houssin Frédéric, Ramadier Cédric, *Le grand Livre des voyages en voiture*, Paris, Seuil Jeunesse, 2002.

Annexe

Tableau 6.1 Exemple de liste à cocher pour vos bagages

Petit Dernier

Nb		OK
	Ensembles sous-vêtements (slip + maillot)	
	T-shirts manches longues	
	T-shirts manches courtes	
	Pantalons	
	Shorts	
	Sweat-shirts	
	Pulls	
	Gilets	
	Pyjamas	
	Chaussettes	
	Chaussures	
	Chaussons	
	Shampooing	
	Brosse/peigne	
	Brosse à dents et dentifrice	

Nb		OK
	Maillot de bain	
	Lunettes de piscine	
	Lunettes de soleil	
	Chapeaux de soleil	
	Bonnets de bain	
	Peignoirs	
	Manchons/bouée	
	Combinaison de ski	
	Bottes de pluie	
	Manteau de pluie	
	Bonnet	
	Gants	

Moi-même

Nb		OK
	Culottes	
	Soutiens gorges	
	Collants	
	T-shirts manches longues	
	T-shirts manches courtes	
	Pantalons	
	Jupes	
	Shorts	
	Sweat-shirts	
	Pulls	
	Vestes	
	Chemises de nuit	
	Chaussettes	
	Chaussures	
	Chaussons	
	Shampooing	
	Maquillage	
	Brosse / peigne	
	Crème hydratante	
	Pilule	

Nb		OK
	Maillot de bain	
	Lunettes de piscine	
	Lunettes de soleil	
	Chapeaux de soleil	
	Bonnet de bain	
	Peignoir	
	Combinaison de ski	
	Bottes de pluie	
	Manteau de pluie	
	Bonnets	
	Gants	
	Brosse à dents/dentifrice	
	Médicaments	
	Démaquillant	
	Rasoir	

Pepette

Nb		OK
	Bodys	
	T-shirts manches longues	
	T-shirts manches courtes	
	Pantalons	
	Shorts	
	Sweat-shirts	
	Pulls	
	Gilets	
	Pyjamas	
	Chaussettes	
	Chaussures	
	Chaussons	
	Crème hydratante	
	Shampooing	

Nb		OK
	Maillot de bain	
	Lunettes de piscine	
	Lunettes de soleil	
	Chapeaux de soleil	
	Bonnet de bain	
	Peignoir	
	Manchons/bouée	
	Combinaison de ski	
	Bottes de pluie	
	Manteau de pluie	
	Bonnet	
	Gants	
	Brosse/peigne	
	Brosse à dents et dentifrice	

Pour un long voyage en voiture

Nb		OK
	Bouteille d'eau	
	Grigris salés	
	Sandwiches	
	K7/CD	
	K7/CD enfants	
	Itinéraire pour la destination	
	Lingettes	
	Biscuits	

Nb		OK
	Bonbons	
	Petits fromages	
	Petits jouets	
	Petits livres	
	Cartes routières/atlas	
	Sacs en plastique	
	Briquettes de lait	

Petit matériel enfants/bébé

Nb		OK
	Ballon	
	Petites voitures	
	Livres d'histoires	
	Petit sac à dos	

Nb		OK
	Tétines	
	Biberons	
	Lit-bébé	
	Barrière de lit	

Matériel pour location

Nb		OK
	Draps 1 personne	
	Draps-housse 1 personne	
	Draps lit-bébé	
	Draps 2 personnes	
	Draps-housse 2 personnes	
	Taies d'oreiller	
	Grandes serviettes	
	Petites serviettes	
	Liste de courses pour l'arrivée	
	Café	
	Biscottes/biscuits	
	Lait bébé	

Nb		OK
	Lait normal	
	Sucre	
	Thé/tisane	
	Sel/poivre	
	Boîte de conserve repas	
	Céréales	
	Torchons	
	Éponges	
	Produit entretien	
	Lampe-torche	
	Couteau suisse	

CHAPITRE 7

FONCTIONNER AVEC LES AUTRES

Au programme :

- Plan d'action familiale
- Votre conjoint fait de la résistance
- Aider les enfants à s'organiser
- Grands adolescents et jeunes adultes
- Ils sont tout seuls aux manœuvres

« Personnellement, je n'ai rien contre le travail, surtout lorsqu'il est fait calmement et discrètement par quelqu'un d'autre. »

Barbara Ehrenreich

Mon conjoint ne m'aide pas. Mon aide ménagère fait tout dans le désordre. Ma mère ne comprend rien à mon organisation. Mes proches ne rangent rien. Pire, ils sortent tout. Imaginez si vous deviez vous absenter une journée… et pourtant, ils sont capables de faire des choses sans vous. Grâce à ce chapitre et à votre patience, Votre Conjoint, Charmante Epouse, enfants et adolescents vont devenir une équipe de choc, et dans la bonne humeur.

Plan d'action familial

La base d'une organisation familiale qui fonctionne s'appelle la **délégation**. Pour déléguer, il faut un plan d'action.

Commencez par organiser une réunion familiale officielle à laquelle sont convoqués tous les membres de votre famille en âge de contribuer à la tenue du foyer. Comme au bureau, préparez soigneusement l'ordre du jour et, pourquoi pas, quelques boissons fraîches. Munissez-vous de votre plan de ménage et de vos routines : branchez les répondeurs, coupez les portables et ça démarre…

1. Annoncez que votre vie de mère comprend un certain nombre d'actions (évitez le mot corvées, si vous souhaitez de l'aide). Une famille, c'est comme une équipe, ça fonctionne mieux à plusieurs.
2. Énoncez la liste des tâches que vous souhaitez déléguer et demandez quelle action chacun s'engage à prendre en charge de façon ferme et régulière. Pour vous rendre compréhensible de tous (et donc convaincante), pensez à décrire les bénéfices pour chacun : on retrouve ses jouets en entier quand on les range, explique-t-on à Petit Dernier ; on parle de système qui fonctionne à son conjoint ; de visite impromptue de Boutonneux Du Moment à Fille Aînée (« Tu ne voudrais tout de même pas qu'il trébuche sur ta montagne de sous-vêtements »). Toutes les tâches doivent être distribuées.

Pan, dans les dents !

Vos proches sont pleins de bonnes intentions envers vous. Enfin, théoriquement. Il arrive parfois que Belle-Maman ou votre propre mère se laissent aller à railler directement ou plus subtilement votre désordre, votre absence de sens pratique… Dans ce cas, si vos nerfs vous le permettent, tentez plutôt l'humour que l'agressivité ou la culpabilité. Si votre maison ne ressemble pas à un musée et que vous brûlez régulièrement le rôti, ça ne fait pas de vous une mauvaise mère ni une mauvaise épouse. Nous sommes toutes plus ou moins douées pour certaines activités. Vous pouvez leur répondre ça de notre part ! Et ajoutez que ces réflexions vous blessent (elles ne s'en rendent peut-être pas compte).

Pensez aussi que les mères sont souvent les premières à jouer les martyres ou à vociférer. Qui a envie de faire une chose que Maman fait en grommelant ? Autant rester polie, et demander gentiment ce dont on a besoin en disant : « *S'il te plaît, tu veux bien…* » Oui, c'est la base de la politesse, mais on l'oublie parfois quand on s'énerve avec les gens qu'on aime le plus au monde. Évitez aussi les étiquettes qui collent à la peau : non, Fille Aînée n'est pas « *la bordélique de la famille* », non, Votre Conjoint ne laisse pas « *toujours traîner des pièces de moteur sur la table du salon* », comme vous n'êtes pas « *celle qui se tape tout le boulot dans cette maison* ». À moins que vous souhaitiez que ça continue comme ça…

3. Les négociations vont aller bon train et à la fin de la session, vous aurez un plan d'action familial. Annoncez que ce plan sera valable un mois et qu'une réunion de suivi est prévue… dans un mois. D'ici là, à moins d'une urgence, aucune dérogation n'est possible. Si Votre Conjoint s'est engagé à sortir le chien tous les soirs, il devra le faire (au moins pendant un mois), même si son enthousiasme décroît visiblement. Le chronométrage des tâches (*voir chapitre 1*) vous permettra de déléguer ces travaux en toute sérénité. Eh non ! Contrairement à ce que Fille Aînée voudrait vous faire croire, ce n'est pas parce qu'on a passé l'aspirateur pendant dix minutes dans sa chambre qu'on va rater son contrôle de maths !
4. Fêtez ça dignement avec un repas agréable.

À noter

Attention, les informations ci-après sont données à titre indicatif, et vos enfants ne doivent pas prendre tout cela en charge. Il s'agit juste de savoir à peu près quand on peut leur apprendre telle ou telle chose… Ce que peut faire votre enfant à :

- 1-3 ans : ramasser ce qui est par terre dans la chambre et le mettre dans des paniers « peluches », « jouets », « linge porté aujourd'hui ».
- 4-7 ans : ramasser ce qui traîne partout dans la maison, faire son lit, passer le chiffon à poussière sur les étagères du bas, balayer, aspirer, ranger le linge plié dans son armoire, débarrasser la table du repas et l'essuyer, passer la serpillière dans la salle de bain, s'habiller, faire sa toilette seul, nettoyer une tache, mettre ses vêtements au sale, aider à ranger les courses, mettre le couvert, se préparer un petit-déjeuner froid, arroser les fleurs (sous surveillance).
- 8-10 ans : épousseter les étagères du haut, lancer une lessive (leur faire une fiche près de la machine), charger/décharger le lave-vaisselle et faire la vaisselle à la main, nettoyer les vitres, trier le linge clair/foncé, faire des petites courses simples, répondre au téléphone et transmettre un message, s'occuper des animaux (sous surveillance).
- 11-18 ans : presque tout, commencez à leur montrer les tâches qu'ils devront un jour faire seuls, participer à la vie économique de la famille (exemple : comparer les prix, leur montrer des factures…), être responsable de la propreté de leur salle de bain, repasser leurs vêtements, connaître les principales techniques d'entretien et de maintenance de la maison et du jardin (nettoyer la tondeuse, nettoyer le filtre du lave-linge, changer une ampoule, faire fonctionner un extincteur…)

Votre conjoint fait de la résistance

Ce n'est pas qu'il ne vous aide pas, c'est qu'il ne vous aide pas assez, ou jamais de lui-même, ou jamais assez bien. Pourquoi ?

- il ne voit pas de quoi vous parlez quand vous insistez pour qu'il range ses baskets au lieu de les laisser traîner dans l'entrée ;
- il n'a pas le même seuil de tolérance que vous : « Mais non, Chérie, c'est pas sale, voyons ! » ;
- il considère que la maintenance du foyer n'est pas de son ressort ;
- comme il ne fait pas comme il faut, vous préférez passer l'aspirateur à sa place plutôt que de le repasser derrière lui ;

- vous n'avez tout simplement jamais parlé organisation avec lui ;
- vous ne lui avez jamais expliqué précisément ce que vous attendiez de lui ;
- vous l'effrayez avec votre sac poubelle à la main et il se terre dans un coin en bazar de peur que vous ne jetiez ses précieux souvenirs.

Un brin de psychologie masculine, peut-être ?

Monsieur apprécie que le résultat de son travail soit très visible. Inutile de lui demander de passer l'éponge sur un plan de travail si celui-ci n'est pas entièrement couvert de sauce tomate. Pour deux, trois petites taches, il ne va quand même pas se déranger. Par contre, un bon récurage d'une zone crasseuse peut lui sembler gratifiant. Dans la même catégorie, les allers-retours vers le lave-vaisselle, le vidage des poubelles et la lessive peuvent aussi convenir.

Ils ne le font pas parce qu'ils ne savent pas le faire

Les légendes ont la vie dure... Certains continuent de croire qu'on naît en sachant faire la vaisselle ou trier le linge à laver. Niet. Vos enfants, même grands, mais aussi votre mari, n'ont peut-être pas été à la même école que vous dans ce domaine. En matière de ménage, vous voilà l'institutrice d'une bande d'élèves en tout genre, avec ses matières fortes et ses points faibles. Osez les méthodes bien cadrées avec Miss Descartes, tentez la force de l'exemple et de l'imitation avec Petit Dernier et prenez votre mari récalcitrant par la main pour un entraînement régulier... Vous n'y arriverez pas autrement. Il faut leur apprendre.

Ce que vous pouvez faire

Il est très rare que, dans un couple, on ait la même notion d'organisation domestique et tout le monde résiste toujours (un peu) au changement. Par ailleurs, il est impossible de rendre organisé quelqu'un qui ne veut pas l'être. Que cela ne vous empêche pas d'oser parler d'organisation (dans tous les métiers, un minimum d'organisation est requis, n'est-ce pas ?), de montrer votre plan de ménage (apprêtez-vous à recueillir un sourire amusé et attendri si vous êtes un peu... désordonnée) et votre classeur de maison (parlez numéros urgents et livraison de pizzas), de faire visiter les rangements et d'expliquer leur fonctionnement, de parler logique (les produits sont là où on s'en sert et pas ailleurs).

Déterminez ce qui est important pour vous (linge toujours propre et disponible ? Cuisine impeccable ? Salle de bain rangée ?) et restez calme et détendue pour le reste. Votre maison n'est pas le Ritz, elle peut porter « la marque » de chaque membre de la famille à condition que ça ne gêne pas les autres.

Évitez de passer derrière chacun ou de faire à leur place, mais rappelez régulièrement – calmement – les bons principes : « Je te rappelle que le linge sale se met dans la corbeille à linge sale. » C'est long et répétitif mais payant sur le long terme.

Aider les enfants à s'organiser

Aider les enfants à maintenir une chambre raisonnablement ordonnée, comme les faire participer aux « corvées », c'est leur rendre service pour plus tard. Si vos enfants n'ont pas l'opportunité tant qu'ils sont jeunes d'apprendre à prendre soin de leur environnement, quand vont-ils l'apprendre ? De plus, qui aura envie de partager un appartement avec un colocataire qui ne participe pas ?

La chambre

D'abord, si votre enfant a plus de quatre ans, ne tentez pas d'organiser quoi que ce soit hors de sa présence. Il peut être perturbant pour un enfant de se rendre compte que des objets disparaissent en son absence. Il se peut qu'il ait aussi beaucoup de mal à s'adapter à vos rangements d'adulte.

Pensez à garder des étagères hors de portée des enfants, pour y ranger les vêtements hors saison, les objets et jouets pour lesquels ils n'ont pas encore l'âge et les objets rarement utilisés.

Pour créer de bonnes habitudes, nous vous conseillons de prévoir un coin bureau, avec tout le matériel nécessaire aux activités « artistiques » et manuelles qui ne nécessitent pas votre surveillance. C'est cet espace qui servira à travailler vraiment, plus tard.

Pour organiser la chambre de votre enfant :

- Demandez-lui de sortir tous les jouets du coffre, de l'étagère ou du placard et de trier avec vous suivant les critères suivants : « J'aime et je joue avec tout le temps » (à ranger très près, très facile d'accès), « J'aime, je ne joue pas très souvent avec mais je veux le garder » (à ranger un peu plus loin) et « Je n'aime plus ou c'est trop cassé pour servir encore ». Décidez ensemble de ce que vous voulez faire de cette dernière catégorie (association, cousins plus jeunes, poubelle…).
- Puis réfléchissez à haute voix sur le type de contenants qui conviendraient : Boîtes ? Tiroirs transparents ? Placard ? Étagère ? Rien ne vous oblige à conserver pieusement les emballages d'origine des jeux et des jouets. Laissez votre enfant donner son avis sur « comment ranger ». Si vous récoltez des « à l'école, on range comme ça », inspirez-vous-en. Il n'y a qu'en le faisant participer que vous obtiendrez son adhésion et le maintien de l'ordre.
- Donnez ensemble un nom à chaque contenant : il y aura la Boîte des PlayMove, le Tiroir des Bêtes (rempli de dinosaures en plastique et autres animaux), etc.

Les enfants, leur rangement, leurs rituels, etc.

Chères mamans-poules, pour avoir plus de temps à consacrer aux loisirs de votre famille, vous devez aussi déléguer à vos enfants et donc leur apprendre l'autonomie. Ça ne signifie pas seulement les mettre sur le pot avant quatre ans, mais aussi les encourager dans leurs tentatives d'habillage, de nettoyage, de rangement. Et dès que possible, leur montrer comment vous vous organisez vous-même. Aidez-les à se créer leurs propres rituels (ils adorent ça) et à partager en toutes petites étapes tous les grands projets. Il faut que tout ça soit ludique.

Ainsi, maintenant que la chambre est bien rangée, instituez le rangement quotidien, le soir, quelque part dans la séquence qui va du retour de l'école au coucher. Utilisez tout ce qui peut rendre l'action de ranger amusante : faire la course, faire des paris (« Je te parie un chewing-gum que tu n'es pas capable de ranger **tout ça** en dix minutes »), jouer au bulldozer (bras écartés, au ras du sol, on rampe en tentant de ramasser le plus de jouets possibles), jouer à l'inspecteur de police qui cherche des indices sous le lit, tout est bon… même d'évoquer la possible visite d'une fée à tout moment qui laisserait une récompense sous l'oreiller si la chambre est parfaite.

Pascale, institutrice en maternelle, petite section

• Dès deux ans et demi, les petits aiment renverser et replacer dans des boîtes. Il est donc confortable de mettre à leur disposition des caisses pour les jouets, sans faire de tri particulier avant trois ans et demi. Les bacs doivent être faciles à atteindre, idéalement sur des étagères, et étiquetés avec des images ou photos des jouets.

• Pour qu'un enfant range, on doit le prévenir avant le jeu (« *Tu vas jouer, super ! Mais ensuite, pour que tes jouets ne soient ni perdus ni abîmés, il faudra les ranger* ») et, quand la fin du jeu approche, car les enfants détestent les cassures nettes au cours d'un jeu (« *Il faut que tu finisses ta tour maintenant, parce qu'il faudra ranger dans cinq minutes* »). Ensuite, on l'aide à ranger de la manière la plus ludique possible.

• Les petits aiment passer le chiffon avec un vaporisateur d'eau, balayer avec un petit balai et laver du linge avec un peu de savon de Marseille (ça fait des bulles, mais ça mouille beaucoup et partout !). Ils peuvent apprendre à mettre le couvert (ça leur apprend à compter !) si la vaisselle n'est pas rangée trop haut.

• Dès 2 ans, un enfant peut apprendre à s'habiller seul, à mettre ses vêtements dans le bac à linge sale. Pour l'habillage, placer les vêtements sur une chaise dans l'ordre contraire de celui où il doit les enfiler (le slip sur le dessus et le gilet en dessous, pour résumer). À 5-6 ans, un enfant peut choisir ses vêtements s'ils sont rangés par catégories.

• Marquez tous les vêtements que l'enfant retire à l'école, achetez les chaussures avec votre enfant en le laissant les essayer tout seul (s'il ne sait pas les mettre tout seul dans le magasin, il ne saura pas à l'école non plus).

Objectif : un rangement régulier, pour votre confort et celui de vos enfants. Accompagnez-les au début, même tout petits, puis utilisez des outils pour vous remplacer par la suite :

- une check-list des choses à faire dans l'ordre pour « ranger sa chambre », vaste projet pour un enfant de 4 à 10 ans : je mets les papiers sales à la poubelle, je mets les vêtements sales à la salle de bain, je range mes voitures dans leur caisse, je mets les briques dans leur panier, etc. ;
- un rituel du matin illustré à afficher : salle de bains/toilette, vêtements/habillage, tartine et bol de chocolat/petit-déjeuner, brosse à dents…
- et les fameux tableaux à étoiles, proposant des récompenses aux plus zélés, sous formes matérielles (piécettes, sucreries, petits jouets), immatérielles (heures de télé, de jeux vidéo, permission de choisir le menu, le programme du soir, temps solo avec les parents, etc.), ou de points donnant droit à tout cela.

Mémoires d'étourdie

« Quand j'étais petite, je perdais tout le temps mes clefs. Je me suis entraînée à poser mes clefs toujours au même endroit, jusqu'à en faire un automatisme. Maintenant, je ne les perds plus. »

Armel, 36 ans, Directeur du Marketing, sans enfant

De la comptine avant toute chose…

« Une de mes filles était tellement étourdie (allant régulièrement à l'école en chaussons, sans cartable) que j'ai fini par lui inventer une petite comptine qui lui permettait (quand elle y pensait) de se rappeler des choses quand elle quittait une pièce : *"Quand je passe la porte, que faut-il que j'emporte ?"* »

Laurence, 40 ans, conseil en organisation, 3 enfants

Déléguer

« Quand je suis absente toute la journée, je laisse à mes enfants une pile de fiches bristol composée de "*corvées*" et de "*récompenses*", qu'ils font à leur rythme, le but étant d'avoir tout fait quand je rentre.

Fiche 1 : préparer le repas (voir menu).

Fiche 2 : ranger les chambres (faire une équipe de trois et ranger chaque chambre).

Fiche 3 : jouer à un jeu vidéo pendant une demi-heure.

Fiche 4 : faire les devoirs après avoir appris ses leçons (se faire aider par une sœur pour réciter ses leçons).

Fiche 5 : entretenir ses chaussures (le matériel est dans le placard de la chaudière) :

- enlever la boue avec l'éponge de sol ;
- mettre du cirage avec un chiffon ;
- attendre que ça sèche (quelques instants) ;
- frotter avec une brosse de la même couleur que le cirage. »

Laurence, 40 ans, conseil en organisation, 3 enfants

Grands adolescents et jeunes adultes…

Non, vous n'avez pas le droit de rentrer dans la chambre d'un ado pour tout ranger s'il n'est pas d'accord. Encore moins s'il est majeur et vacciné ! Mais vous êtes, en retour, en droit d'exiger un minimum d'entretien dans cet endroit où il organise une bonne partie de sa vie : ses études, sa vie privée, sa culture, son sommeil…

À partir d'un certain âge, le tableau à étoiles ne marche plus et votre ado ne demande qu'à ne pas vous faire plaisir… C'est le moment de fixer des règles précises à respecter dans les territoires communs et de négocier avec votre ado ce que vous et lui ferez pour maintenir sa chambre dans un état raisonnable. Même si elle n'est pas toujours suivie d'effets immédiats, la responsabilisation est souvent la meilleure solution. Alors voyez ensemble quel jour vous pouvez déposer l'aspirateur dans la chambre de Fille Aînée pour qu'elle l'utilise, et suggérez-lui qu'elle pourrait mettre à profit son feuilleton idiot du dimanche soir pour aider à la charge de repassage familial…

La vie de famille à la maison : une question de territoires

Chaque famille est différente. Chez votre voisine, les enfants laissent des jouets partout et mangent dans leurs chambres. Chez votre sœur, ils n'ont pas le droit de mettre les pieds dans le bureau et la chambre des parents... Et Copine Marie se contente de fermer la porte de sa fille aînée pour ne pas voir le désordre. Effectivement, des jouets en désordre dans une chambre d'enfants choquent moins que... dans une cuisine. Mais la cuisinière vous répondra volontiers qu'elle adore voir ses enfants jouer à ses pieds.

Alors, définissez tout cela lors de votre réunion familiale. Le coin « spécial bazar bricolo » de Votre Conjoint, les limites de saleté à ne pas dépasser dans le bouge de Fille Aînée, l'installation d'une petite caisse à jouets dans le salon d'où rien ne dépassera à partir de 18 h 30, la délimitation précise du territoire de Jumeau 1 et de Jumeau 2 dans leur chambre commune, etc.

Ils sont tout seuls aux manœuvres

Passons au vrai défi en matière d'organisation familiale : vont-ils survivre si vous vous absentez quelques jours ? Comment être sûre que, pendant votre colloque, toute la famille aura des repas équilibrés, que la vaisselle ne remplira pas entièrement votre évier à votre retour, que le salon ne sera pas jonché d'objets hétéroclites ?

Procédons par ordre. À qui pouvez-vous déléguer la supervision de votre foyer pendant votre absence ? C'est à cette personne qu'il faut laisser des instructions claires et des modes d'emploi adaptés. Par exemple, si vous partez une semaine en laissant un enfant en bas âge à la maison et que Votre Conjoint est chargé de s'en occuper, vous pouvez préparer sept sacs grand format numérotés de 1 à 7. Dans chacun, vous mettrez les vêtements nécessaires à l'habillage quotidien de Pepette. Votre époux n'aura pas besoin de fouiller fébrilement armoires et commodes à la recherche d'une tenue adéquate.

Fille Aînée est en âge de cuisiner ? Quelle bonne idée avez-vous eue de fabriquer des gâteaux avec elle pendant toutes ces années ! Plus sérieusement, c'est à elle qu'il faut rappeler qu'un repas digne de ce nom (nous ne parlons pas ici de restauration rapide) nécessite environ une demi-heure de préparation et qu'elle doit se conformer au plan de menu affiché dans la cuisine avant votre départ, sous peine de finir la semaine avec un réfrigérateur plein de nourriture périmée. Quelques amies prévoyantes cuisinent et congèlent autant de plats que de jours d'absence et laissent leur famille choisir leurs repas dans le congélateur.

Chaque tâche ménagère à déléguer et sa fréquence doivent être connues de vos proches, d'où l'utilité de votre classeur de maison ou de l'affichage de vos routines et plans de ménage. Montrez-leur de quoi il s'agit et où trouver le matériel approprié. Entraînez-les s'il le faut, avant de partir.

En fait, si vous avez suivi « à la lettre » tous nos conseils jusqu'ici, la formalité précédant votre départ consistera à montrer vos outils quotidiens (plan de menu, rituels, plan de ménage, systèmes de rangement) et à trouver (ou désigner) un ou plusieurs volontaires pour cuisiner, ranger, nettoyer, etc. Ajoutez à cela les coordonnées de l'endroit où vous vous trouverez et ils auront toutes les informations utiles sous la main.

Demandez à ce que chaque message téléphonique reçu en votre absence soit noté (ou appelez chez vous tous les soirs si vous le pouvez). Mais n'en faites pas trop quand même : l'expérience montre qu'ils survivront sans vous. Et puis, passé les premiers moments d'euphorie (enfin seuls, devant la télé !) vous leur manquerez terriblement, vous et votre manie de l'organisation !

Vous avez une aide à domicile ?

Pour lui déléguer clairement les tâches ménagères, reprenez votre plan de ménage (tel que vous l'avez certainement créé après avoir lu le chapitre 4) et voyez avec elle ce qu'elle peut faire dans le temps qui lui est imparti. Si vous lui confiez des tâches variables, vous pouvez créer une fiche par tâche où vous indiquerez le nom de la tâche, sa durée, et l'emplacement des outils nécessaires. Ainsi, à chaque fois, vous lui transmettrez une pile de fiches au lieu de tout réécrire sur une liste.

Une fiche pour l'Ange Gardien

Sur ordinateur ou à la main, faites une fiche que vous pourrez photocopier et compléter à chaque fois que vous confierez vos enfants à quelqu'un. Notez-y votre nom, votre adresse, votre numéro de téléphone, et des indications d'itinéraire pour venir chez vous (à fournir au Samu en cas d'urgence).

Mettez les noms et dates de naissance de vos enfants, les coordonnées de votre médecin traitant et ceux de vos bureaux respectifs, ceux de la police, du Samu, des pompiers et de l'école, et ceux d'un taxi. Complétez de numéros de personnes à appeler en cas d'urgence.

Ensuite, laissez un espace pour transmettre un message précis pour ce jour-là : « *Pepette dort avec son ours jaune et sa tétine, dans sa gigoteuse, à 20 h 30, après une petite histoire. Sa grande sœur fait ses devoirs dans sa chambre après le goûter.* »

Puis prévoyez une place où noter l'endroit où vous vous trouverez (avec le numéro de téléphone), et l'heure de votre retour.

À noter

Si vous avez des difficultés à vous concentrer, que vous avez l'impression que votre cerveau « *file à 100 Km/h* », que vous bouillonnez de projets toujours commencés mais jamais finis, que vous perdez tout et oubliez le reste, que vous pouvez vous concentrer trop longtemps sur quelque chose qui vous passionne mais pas plus de cinq minutes sur le reste, vous faites peut-être partie des personnes souffrant de troubles de l'attention avec ou sans hyperactivité (TDA/HA). Il s'agit d'un trouble neurologique. Parlez-en à votre médecin : une aide médicale et un intérieur simplifié au maximum devraient vous aider à être plus à l'aise dans votre vie.

Pour aller plus loin

Brunet Christine, Sarfati Anne-Cécile, *Petits tracas et gros soucis de 1 à 7 ans*, Paris, Albin Michel, 2002.

Croix-Rouge Française, *Le guide des urgences de l'enfant et du nourrisson*, Tribune Santé, 2002.

Vaillant Maryse, Leroy Judith, *Range ta chambre*, Paris, Flammarion, 2005.

CHAPITRE 8

PRÉVOIR LES GRANDS ÉVÉNEMENTS DE L'ANNÉE

Au programme :

- C'est la fête à la maison
- Petit Dernier est invité chez un copain
- Départ en classe verte et colonies
- Rentrée des classes
- Les anniversaires des enfants
- Noël et autres fêtes tradionnelles
- Les cadeaux

« C'est l'anniversaire de ma maman et j'ai décidé de lui acheter un cadeau comme toutes les années depuis l'année dernière parce qu'avant, j'étais trop petit. »

René Goscinny, *Le petit Nicolas*

Chaque année, les journaux se parent des mêmes articles à la même époque : vive la rentrée, 1 001 idées de cadeaux, recevez chez vous sans stress… Pourquoi la rentrée des classes, Noël, mais aussi toutes ces occasions de s'amuser demandent-elles autant d'organisation ? Ce chapitre est plein d'idées simples pour recevoir avec le sourire, pour préparer le sac de votre fille pour sa classe verte ou une nuit chez son amie, pour organiser un goûter d'anniversaire inoubliable, et pour offrir un repas joyeux et des cadeaux attentionnés à toute la famille à la fin de l'année !

C'est la fête à la maison

De la fête surprise organisée pour l'anniversaire de Votre Conjoint au dîner improvisé avec une copine passée voir votre meilleur DVD, en passant par le repas de famille et l'invitation à dîner de Monsieur Boss, il y a des dizaines de manières de recevoir à la maison. Point commun : des gens étrangers à la famille vont venir, vous voulez leur faire plaisir en les accueillant dans un cadre agréable et en leur proposant un repas adapté.

Bon, d'abord, il faut vous détendre. À part l'exception spécifique de ce couple que vous invitez avec l'idée de signer avec eux le contrat du siècle (mais un restaurant serait peut-être plus prudent dans ce cas…), les personnes que vous conviez viennent vous voir, vous et votre famille, et pas la couleur du carrelage ni vos talents gastronomiques. Priorité numéro un : souriez !

En pensant à la taille du lieu et à vos possibilités en mobilier, vous faites la liste complète des invités et formulez votre invitation. Pour gagner du temps, vous décrochez votre téléphone, de manière à savoir au plus vite ce qu'il en est, à moins que vous ne préfériez l'écrit, toujours moins réactif... mais plus chic. Si Copine Marie ou votre mère vous propose un coup de main, acceptez. Vous leur revaudrez ça la prochaine fois. Et demandez-leur d'apporter plutôt une entrée ou un dessert, ou même le fromage. Rien que vous ne puissiez remplacer en catastrophe en filant à la supérette voisine.

Ensuite, faites un menu bien complet. Dans nos contrées, il est en effet de coutume de prévoir un apéritif accompagné d'amuse-gueules divers, puis un repas comprenant de trois à… huit plats, et ensuite un plateau de café/tisanes/thé parfois complété de « mignardises ». Pensez à tout, surtout aux détails. On ne va pas vous faire un grand cours de nutrition, ni de ce qui se fait ou pas, mais évitez ces mets formidables que la moitié de la population adore et que l'autre moitié abhorre si vous n'êtes pas sûre des goûts de chacun (abats, huîtres, fenouils, etc.). Si vous manquez d'inspiration, jouez la carte du plat unique ou du fait maison, type raclettes et autres crêpes mexicaines. Le tout dépendra évidemment de vos invités (Mamie acceptera-t-elle de manger ses tortillas avec les doigts ?).

Une fois le menu rédigé, prenez la peine de mettre un symbole devant ce qui peut être préparé à l'avance, voire congelé. Et prévoyez dans votre agenda du temps pour tout préparer. Le nec plus ultra consiste bien sûr à conjuguer un plat prêt à l'avance, un autre préparé par Tante Agathe ou le traiteur chinois et un que vous cuisinerez avec amour le jour même. À moins d'avoir sous la main quelques « commis » en cuisine, évitez le plat à préparer au dernier moment pour vingt-cinq personnes si vous ne voulez pas être contrainte de manger furtivement dans la cuisine entre deux services… Et si vous voulez tenter une nouvelle recette, testez-la avant, parce que vous savez bien que ça ne ressemble quasiment jamais à la photo.

Carine Jackson, organisatrice d'événements à Eventus

C'est important de savoir quel type de fête on veut organiser (plutôt animée ou bien zen). S'il s'agit de mettre quelqu'un à l'honneur pour son anniversaire ou une cérémonie quelconque, il faut évidemment privilégier ses goûts (plats, couleurs, musiques, animations).

Ça vaut souvent le coup de s'appliquer pour la décoration, sans pour autant relooker toute la pièce. Une jolie table est tout de suite conviviale.

Il existe des kits de vaisselles jetables très sympas dans le commerce, colorés, designs, qui limitent la corvée de vaisselle…

Quelquefois, il suffit d'un détail pour tout changer : servir les entrées dans des petites verrines, étaler des pétales de fleurs sur la table, disposer des bougies…

On peut facilement organiser un buffet réservé aux enfants (dans le salon ou bien… dans la cuisine !) avec des plateaux de petites brochettes de viande froide, de fruits, quelques bonbons. Ils adorent.

Si certains grands repas se suffisent à eux-mêmes, il est souvent judicieux de prévoir quelque chose à faire après le repas, ou même pendant (si vous avez choisi une formule « goûter dînatoire » ou buffet). Jeux de société, promenade en forêt, courses aux œufs de Pâques, séance de spiritisme… faites preuve d'imagination, surtout s'il y a des enfants dans l'assemblée : écouter les grands ressasser encore et encore les mêmes histoires, c'est « nul ».

Le jour de la fête, vous devez donc avoir le sourire aux lèvres, être toute belle, avoir le moins de choses possible à faire, un salon rangé, rapidement dépoussiéré et aspiré (non, ils n'iront pas chercher les moutons de poussière sous le canapé !) et des sanitaires étincelants. Prévoyez un endroit relativement rangé pour les manteaux (chambre ou penderie). Et si un problème survient, prenez vite un peu de recul, transformez votre rôti brûlé en hachis parmentier ou jetez le homard ramolli pour le remplacer par « le carpaccio de tomates du jardin avec sa petite vinaigrette ». Un peu d'humour et tout ira bien.

Au secours, Belle-Maman débarque dans une heure

Attention, ce passage ne s'adresse qu'à celles qui n'ont pas eu le temps d'appliquer nos conseils des chapitres 1 à 3 !

Vous rentrez à peine du boulot, il y a des jouets partout, des miettes sur le canapé, la vaisselle de la veille… Cela vous paraît le lot normal d'une famille qui vit dans une maison. Mais Belle-Maman n'a pas l'habitude. Elle croit vous trouver assise en train de broder devant un thé bien chaud accompagné de petits gâteaux. Alors faites exactement ça :

- Prenez un sac poubelle et jetez-y tout ce qui est à jeter dans le séjour, la salle de bains et les toilettes, en courant : cinq minutes.
- Prenez un plateau et posez-y tout ce qui doit aller vite fait dans le lave-vaisselle ou l'évier plein d'eau chaude savonneuse (et videz tout de suite ce plateau !). Le tout devrait prendre un quart d'heure, sauf s'il faut faire la vaisselle (attention aux curieux et maladroits si vous la cachez dans le four !).

- Filez vérifier que la salle de bains et les toilettes sont « *fréquentables* » et donnez le petit coup nécessaire si besoin : quinze minutes aussi.
- Attrapez un grand sac ou une caisse et mettez-y tout ce qui n'a rien à faire dans les pièces que Belle-Maman visitera. Passez vite fait un coup de balai. Quinze minutes.
- Mettez la bouilloire à chauffer, préparez un plateau avec quelques biscuits, tasses, théière, sucre et cuillères et… on sonne à la porte. Joli sourire pour dire « *Bienvenue Belle-Maman, je vous attendais…* ».

Les maîtresses de maison avisées ont un cahier de réceptions sur lequel elles notent toutes leurs invitations en mentionnant le nom des invités, le menu (avec quelques commentaires) et ce qui a pu bien ou mal se passer (« Éviter d'inviter Rosemonde avec José, ils se crêpent tout le temps le chignon sur le statut des fonctionnaires »). Pour celles qui invitent souvent, ça peut être intéressant d'intégrer ça dans son agenda ou son classeur de maison.

Petit Dernier est invité chez un copain

Pour une nuit ou une semaine, à deux pas de chez vous ou à 1 000 km, l'invitation chez une copine ou un copain, c'est important pour vos enfants. Il faut que ça se passe bien. Toujours excités, ils sont parfois un peu effrayés de pénétrer « en territoire inconnu », petit tour des bons trucs pour que ce soit facile.

- D'abord, soyez raisonnable sur les bagages, mais pensez à prévoir des vêtements pour tous les temps. Si c'est pour plusieurs jours, n'oubliez pas de glisser dans leur sac un livre, un appareil-photo jetable et des enveloppes timbrées.
- Donnez bien toutes vos coordonnées complètes pour être joignable sans difficulté. Et voyez avec la Maman à quelle heure vous pouvez téléphoner sans déranger pour avoir des nouvelles.
- Mettez dans le sac le carnet de santé, après avoir vérifié que le vaccin contre le tétanos est à jour. Donnez les instructions précises en cas d'allergies, d'asthme ou d'autres soucis particuliers. N'oubliez pas d'ajouter une autorisation d'hospitalisation urgente.

Si votre enfant part à l'étranger (Union européenne), demandez à votre centre de sécurité sociale une carte européenne d'assurance maladie pour la prise en charge des soins médicaux.
- Mettez aussi les papiers d'identité de votre enfant : carte d'identité (pour prouver son âge à l'entrée d'un musée, par exemple), carte de famille nombreuse (pour bénéficier de réductions), autorisation de sortie de territoire (à se procurer à la mairie) si l'enfant se rend à l'étranger pendant le séjour.
- Prévoyez un peu d'argent de poche (sans exagérer).

Départ en classe verte et colonies

C'est décidé, il (ou elle) part en colonie cet été. À vous les quinze jours de liberté, le shopping et… ah !, il faut d'abord préparer son sac ? Allez, on vous aide.

À l'aide des suggestions de l'organisateur du séjour, faites votre propre liste (*voir chapitre vacances*). Avec votre enfant, réunissez le tout et garnissez le sac (pensez qu'il doit pouvoir le porter). Au fur et à mesure, votre enfant, s'il est en âge de le faire, note la liste de ce qui rentre dans le sac avec précision (t-shirt rouge, jean troué, quatre slips roses, etc.). Cette liste sera scotchée au sac et facilitera le remballage au retour. Mettez le pyjama et la lampe de poche (indispensable, car les enfants dorment le plus souvent à plusieurs par chambre) sur le dessus du sac. Si les enfants partent camper (avec les scouts par exemple), emballez le tout dans des sacs plastiques, au cas où le grand sac prendrait l'eau.

Pour les plus petits, pensez à leur écrire une carte deux à trois jours avant leur départ pour qu'ils trouvent un petit mot tendre de vous dès le premier jour. Les plus grands ne se déplaçant plus sans leur téléphone portable, pensez à empaqueter le chargeur.

Prévoyez de quoi combler les moments inoccupés pour les plus grands, notamment dans le car, comme un jeu de cartes, des scoubidous ou des jeux électroniques, ainsi que des enveloppes timbrées et adressées (si vous voulez des nouvelles !). Et pensez aux petits moments de blues : Doudou part évidemment avec Petit Dernier, ainsi que quelques photos de la famille, si possible sous plastique (mais non, pas pour les protéger des larmes !).

Rentrée des classes

Souvent, dans les familles à enfants, la rentrée des classes est aussi un nouveau départ pour toute la famille. Mais c'est d'abord un sacré casse-tête à préparer : fournitures à acheter, enfants à rhabiller (pour l'hiver !), organisation à trouver, inscriptions extrascolaires à goupiller, papiers à compléter, au secours !

Décidons pour une fois de nous y prendre à l'avance. Fin juin, trouvez, si elles existent, ces fichues listes de fournitures scolaires et, si vous avez plusieurs enfants en âge scolaire, compilez-les en une seule. Puis explorez les cartables avant de les ranger, ainsi que bureaux et réserves, pour voir ce qui s'y trouve déjà. Cachez dans un endroit inaccessible tout ce qui servira en septembre (en faisant une boîte par enfant), et rayez tout ça de la liste. Vous avez ensuite deux grands mois pour faire vos courses au calme.

La liste complète, marquez à leur nom tous les objets qui vous ont paru cher à l'achat. Ne vous faites pas trop d'illusion, ça n'empêche pas de les perdre, mais ça aide parfois à les retrouver.

Vous pouvez procéder à peu près de la même manière si vous pensez devoir acheter des vêtements à vos enfants : inventaire de ce qu'il faut, de ce qu'on a, et hop !, au centre commercial ou le nez dans un catalogue un jour de pluie…

La loi du grand nombre

N'hésitez pas à prendre un lot important de tout ce que vos enfants perdent systématiquement ou épuisent vite, allez dans un magasin de grossiste si vous le pouvez… stylos-bille rouges, gommes, cartouches, effaceurs, cahiers petit format grand carreaux à 96 pages, etc.

Pensez, pendant l'été, à emmener les enfants faire des photos d'identité. Prévoyez-en beaucoup. Les collégiens et lycéens en donnent à plusieurs de leurs professeurs, mais elles servent aussi pour les inscriptions aux diverses activités. Celles restantes ne sont pas perdues puisqu'elles rejoignent les portefeuilles des Mamies. Photocopiez en plusieurs exemplaires ces documents qu'on vous redemande sans arrêt : livret de famille, feuille d'imposition…

En août, reprenez tous les horaires en votre possession (ceux des plus grands n'arrivent qu'à la rentrée, mais ils peuvent souvent se déplacer par eux-mêmes) et revoyez l'organisation générale de la famille. Qui va où, quand, à quelle heure, avec quel bus ? De toutes les manières, c'est le moment où jamais de revoir l'organisation de tout le monde, et de glisser au passage que vous comptez bien suivre vos cours de samba cette année… alors si besoin, organisez un vrai sommet comme décrit dans le chapitre précédent. À vous les joies des rituels illustrés pour les enfants, des rampes de lancement (voir chapitre 2) et des calendriers muraux (voir chapitre 1).

Pour l'entrée dans un nouvel établissement, prévoyez un « exercice » chronométré pour se rendre sur place, de manière à s'assurer qu'on sera bien à l'heure le premier jour, même à la maternelle.

Les anniversaires des enfants

Dans notre enfance, nous étions ravis quand nos parents nous proposaient d'inviter quelques camarades pour célébrer nos huit ans autour d'un gâteau maison garni de bougies. Puis est arrivée la mode des jeux, avec les petits lots à gagner, puis une sorte de compétition (amusée) des parents pour faire la plus jolie fête, chaque année, à chacun de leurs enfants. Encore une fois, la fête est une bonne idée, pour le reste, la pression est rarement très amie avec l'organisation et la détente…

Des spécialistes de l'organisation d'anniversaire nous ont dit l'importance du nombre d'invités pour les anniversaires des moins de douze ans. Pour faciliter les choses, adoptez la règle de l'âge + 1 :

votre enfant fête ses quatre ans, il invitera quatre enfants et ils seront donc cinq (4+1) et ainsi de suite. Deux avantages : c'est reconnu comme étant le nombre idéal, et c'est une règle simple et difficile à contester. « Oui, ta sœur a invité huit copains cette année parce qu'elle a eu huit ans, mais quand elle a eu cinq ans, elle n'en a invité que cinq, comme toi aujourd'hui. »

En plus d'une fête « normale », votre enfant aimera que la sienne soit pourvue d'animations. Celles-ci sont souvent plus faciles à trouver si elles s'articulent autour d'un thème (la chasse au trésor pour le thème « pirates », maquillage pour le thème « clown » ou la photo avec des grandes oreilles pour le thème « Mickey »). Les thèmes sont multiples, parfois décalés (Noël en juillet, Halloween en mars, plage en décembre), ou liés à des héros et stars favoris. En général, réfléchissez pour les occuper pendant environ deux heures… et s'ils préfèrent jouer tranquillement à autre chose que ce qui est prévu (ça arrive chez les tout-petits), laissez-les faire !

Vous pouvez prévoir des petits lots à gagner lors des jeux, mais surtout n'oubliez pas de récompenser aussi celui dont c'est l'anniversaire (il a joué aussi !).

Goûter d'anniversaire : du temps bien festoyé

« Mon expérience de mère de "fêtardes" m'a amenée à organiser les anniversaires à la maison de cette façon :

• accueillir les invités ;

• montrer l'emplacement de la cuisine et des toilettes (pour les timides) ;

• démarrer par un jeu connu, pratiqué à l'école, pour mettre tout le monde à l'aise ;

• enchaîner sur d'autres jeux, moins pratiqués, en alternant épisodes physiques (chaises musicales) et périodes plus calmes ;

• goûter (plutôt pas de buffet et je protège les tables !) ;

• période libre d'une demi-heure à une heure, surnommée aussi « le Grand Bazar dans la chambre » ou encore « Maman récupère un peu et ramasse les miettes de gâteau au chocolat » ;

• visionnage d'un film pour calmer tout le monde, jusqu'à l'arrivée des parents. »

Laurence, 40 ans, conseil en organisation, 3 enfants

Discutez avec votre enfant, dès qu'il en a l'âge, des invités qui viendront, des cadeaux qu'il souhaiterait (des mamans vous poseront sans doute la question), de la fête qu'il voudrait bien (ça donne souvent « une fête comme chez Jérôme, sauf qu'on jouerait au ballon dans le jardin et que c'est moi qui aurais les cadeaux... ») et de sa participation aux préparatifs. Impliquez-le au maximum : dessiner ou écrire les invitations, choisir la recette du gâteau...

Soyez explicite sur les invitations : mentionnez heure de début et heure de fin (en ne prévoyant aucun rendez-vous après la fête car vous aurez des parents retardataires). Demandez à ce qu'on vous confirme la présence des petits invités en indiquant votre numéro de téléphone. Pensez à noter le code de votre immeuble. Envoyez les invitations un mois à l'avance.

Puis, dans les semaines qui suivent, emballez les petits cadeaux surprise (que vous aurez peut-être acquis lors de vos vacances ou de foires à tout) et achetez le matériel de décoration (ballons, papier crépon, maquillage). Si vous avez la chance d'habiter dans une maison, protégez vos plantations préférées et tondez la pelouse à ras. Faites garder vos animaux (si votre chat s'enfuit, votre chien, lui, bien énervé par une tribu de jeunes sauvages peut soudain se souvenir qu'il descend du loup...) et déposez vos perruches et petits rongeurs dans une pièce à l'abri sous peine de les retrouver en liberté non prévue. Déplacez les meubles de façon à éviter que vos canapés ne soient recyclés en trampoline puis dissimulez objets fragiles et vases de fleurs.

Si vous ne vous sentez pas capable de vous occuper de six enfants de cinq ans pendant un après-midi entier, demandez de l'aide, soit à une baby-sitter, soit à une entreprise spécialisée ou embarquez simplement les enfants à la découverte d'un lieu prévu à cet effet. Il y en a pour tous les goûts : restauration rapide, mais aussi musées, châteaux, parcs d'attraction, cirques, magasins de jouets... Et si vous n'avez pas de place à la maison, prévoyez un adulte pour trois enfants et organisez une sortie pique-nique dans un endroit de prédilection : cinéma, zoo, guignol, ferme, sans oublier le charmant square du quartier (prévoir une solution de repli si c'est à l'extérieur).

Noël et autres fêtes traditionnelles

Les fêtes traditionnelles ne sont pas des fêtes comme les autres. Celle que nous connaissons le mieux, c'est Noël, mais vous saurez transcrire nos conseils selon vos religions et habitudes respectives pour les adapter à Hanouka, au Ramadan ou au Nouvel An Chinois… Le point commun entre la plupart de ces fêtes : tout le monde veut voir votre famille ce jour-là, chez vous ou chez eux, et il faut préparer pour l'occasion toutes sortes de décorations, friandises, plats et autres cadeaux traditionnels. Ce qui les rend pleines de charme : l'impression que tout votre entourage la prépare en même temps que vous, qui crée une atmosphère douce et pacifique. Et ce qui les rend souvent insupportables : l'impression que tout votre entourage (et même les autres) la prépare en même temps (et mieux) que vous, qui crée une pression terrible et une envie grandissante de filer quelques jours dans un trou de souris.

Le plus beau, le plus simple

« Souvent, les plus jolies traditions sont les plus simples… Depuis que nous vivons dans notre ville avec Nicolas, nous ne ratons pas le feu d'artifice tiré le dernier samedi avant Noël en fin de journée. Emmitouflée, la famille part rencontrer le Père Noël qui se promène dans la rue vers 17 heures, puis après un tour de manège, nous admirons le spectacle pyrotechnique et rentrons à la maison pour un dîner simple mais spécial (petits canapés, crêpes ou gaufres) dégusté aux chandelles autour de la table basse. Je me rends compte que c'est en général mon plus joli souvenir : les yeux émerveillés des enfants et presque rien à préparer ! »

Stéphanie, 34 ans, journaliste, 2 enfants

Comme nous l'avons déjà dit pour les fêtes en général, commencez par vous détendre. Ensuite, essayez de vous y prendre le plus tôt possible… Nous sommes de celles qui commencent à faire des projets de Noël dès le 1er janvier, parce que ça nous amuse, mais s'y prendre deux ou trois mois en avance paraît raisonnable si vous avez une famille assez grande ou que vous souhaitez recevoir chez vous. D'autant que des fêtes comme celle-ci ne durent finalement pas que deux jours, mais plusieurs semaines où vous aimerez que votre maison soit décorée et accueillante pour des visiteurs impromptus.

Prenez alors une feuille de papier, et faites la liste de vos meilleurs souvenirs de cette fête-là. Si vous le pouvez, posez la même question au reste de la famille. Qu'est-ce qui donne, pour chacun, à la fête que vous célébrez, ce petit quelque chose qui fait que vous ne voudriez pas la manquer ? L'air hagard des enfants devant le sapin entouré de cadeaux, le plaisir de vos invités devant un repas gastronomique maison, le temps passé à fabriquer de vos mains des petits objets pour décorer le sapin, le plaisir de recevoir un coup de fil d'un vieux copain suite à votre carte de vœux ? Demandez à vos enfants quels sont les cadeaux dont ils se souviennent aujourd'hui, et pourquoi ? Après tout, ces fêtes sont là pour fabriquer des souvenirs… Alors oubliez la fête parfaite montrée dans tous les magazines et faites **votre** Noël parfait à vous. Créez vos propres traditions.

Cette liste sous les yeux, vous allez maintenant reprendre tout ce que vous voulez préparer pour votre fête : réceptions à la maison, repas, bénévolat (auprès d'associations caritatives ou de l'école de vos enfants, par exemple), décoration, sorties en famille (spectacles de Noël, etc.), déplacements, cadeaux, fabrication de friandises… N'oubliez pas les détails, comme la décoration de la table du réveillon, les petits cadeaux au gardien de l'immeuble ou à l'institutrice que vous adorez, les courses pour les cadeaux des enfants, l'entretien de la maison la veille d'une grande fête, etc.

Ensuite, vous devrez tout planifier, et penser à l'aide que votre famille peut vous apporter. Rien ne vous empêche, si vous êtes du genre à avoir douze idées à l'heure, de faire un classeur qui les reprendra toutes. Mais ne faites pas tout cette année ! Votre famille ne vous « jugera » pas au nombre d'heures passées à préparer la fête, elle se souviendra d'un moment plus doux que les autres que vous aurez passé tous ensemble. Simplifiez le plus possible, par souci de gain de temps, mais aussi par souci d'économie. Par exemple, quand les cadeaux de Noël deviennent une corvée pour tous, il est temps de les commander par correspondance, de déclarer qu'on ne fait de cadeaux qu'aux enfants, ou de procéder à des tirages au sort pour que chacun n'ait qu'un seul cadeau à acheter. De même, n'hésitez pas à demander à chacun de participer à la fabrication du repas de fête…

Faites-le maximum à l'avance, notamment les courses des cadeaux (l'idéal étant d'avoir vraiment fini quinze jours avant la date), et tout ce qui peut être congelé. La décoration peut évidemment attendre l'aide des enfants pendant d'éventuelles vacances, comme la fabrication de certaines choses. Les préparatifs sont souvent une vraie partie de la fête.

Les cadeaux

Tant qu'on est ado et qu'on a une petite famille, les cadeaux, c'est Papa, Maman, parfois les frères et sœurs et pour les autres c'est si on a les moyens ou si on en a vraiment envie… Puis un jour, on devient grand et on découvre que faire un cadeau peut aussi être une corvée. Alors, si vous rêvez d'une méthode économique et efficace, suivez-nous.

Dès aujourd'hui, puis chaque 1er janvier, prenez le calendrier de l'année en cours et reportez-y tous les anniversaires et autres occasions de cadeaux (Saint-Valentin, Fête des Mères et Pères, notamment). Sur une autre feuille, recopiez-les dans l'ordre, les unes en dessous des autres, avec le destinataire correspondant, quelque chose comme ça :

30 mars - Ann. Fille Aînée

10 avril - Ann. Belle-Maman

15 avril - Pâques - Petit Dernier

3 mai - Ann. mariage - Votre Conjoint

Laissez bien un espace qui vous permettra de noter une idée au plus vite. Si vous le souhaitez, fixez un budget par occasion, qui dépendra de votre compte en banque et de votre relation avec la fille de Tante Agathe.

Si vous voulez faire des économies, profitez de vos escapades shopping pendant les soldes pour faire vos achats, au lieu d'acheter encore une robe que vous ne mettrez pas. Et si vous ne voulez pas vous tromper, évitez soigneusement tout ce qui est « une question de goût » et qui se montre, ainsi que tout ce qui est vraiment encombrant, à moins d'avoir l'assentiment du destinataire – le nec plus ultra : une escapade shopping avec l'intéressé(e). Vêtements, éléments de déco, meubles, mais aussi jouets gigantesques, gobelet en poterie maison, téléphone portable, etc. sont à éviter si vous n'êtes pas sûre de votre coup. De même que les objets à polémique pour les enfants mineurs : jouets violents, bruyants… Si vous deviez finalement vous décider pour quoi que ce soit de cette catégorie, vérifiez que l'échange est possible là où habite le destinataire et conservez le ticket très précieusement.

Pour éviter une moue déçue devant votre cadeau déballé, préférez ce qui s'utilise caché (mouchoirs, sachets de lavande, livre de cave) ou disparaît pendant l'usage (chocolat, bougies, papier à lettres) ou s'use/se perd vite (stylos, brosse à dents, etc.), pour que le destinataire ne se sente pas obligé de l'exposer (ou de le porter) pendant cinq ans au cas où vous passeriez à l'improviste.

À noter

L'emballage des cadeaux représente un gâchis de papier et d'encre et une très grosse pollution chaque année. Pour éviter cela, on peut recycler beaucoup de choses : tissus, divers papiers d'emballage (kraft ou papier journal) qu'on peut redécorer soi-même, rubans, raffia, pommes de pin pour la déco, cagettes repeintes. Pensez aussi au « cadeau-emballage » : joli mouchoir, foulard, trousse, petit sac, décoré d'un joli nœud et contenant votre cadeau.

Notez les idées toute l'année, dès qu'elles vous viennent, et gardez les oreilles grandes ouvertes à chaque rencontre. On repère ainsi les besoins et les passions autour desquels construire des dizaines d'idées cadeaux. Attention cependant aux collections… Oui, on peut se lasser des objets en forme de grenouilles, même si on a dit qu'on les collectionnait… en 1982. Et si vous ne trouvez décidément aucune idée, interrogez la personne ou son entourage proche.

Pensez aussi, dans vos achats soldés, à toutes les fêtes auxquelles vous pourriez être conviées et attendues avec un cadeau : anniversaire d'une amie, d'un camarade de classe des enfants, pot de départ à la retraite, mariage, ou simple dîner. Faites une petite provision. Au pire, ça reviendra à vous ou à l'un des enfants… Mais surtout, faites une liste détaillée de vos trésors, de manière à savoir ce qui a déjà un destinataire, et ce qui n'en a pas !

Les cadeaux n'ont pas nécessairement besoin d'être conventionnels. Si votre nièce rêve d'un bon d'achat chez un libraire en ligne ou votre neveu d'une nouvelle batterie pour sa mobylette, après tout, pourquoi pas ? De même, faites preuve d'imagination, on peut offrir un gros cadeau pour toute la famille, ou même ses services de baby-sitting (le rêve d'un tas de parents), ou des billets pour un parc avec des types déguisés en personnages de dessin animé. Un détail cependant : si vous offrez vos services, prenez immédiatement rendez-vous, sinon, votre destinataire poli n'osera jamais vous rappeler votre promesse.

L'emballage compte pour beaucoup dans le cadeau, visuellement, et parfois financièrement. Le meilleur moyen de ne pas courir à la papeterie du coin pour la dernière feuille pleine de Père Noël (alors qu'on est en juin) à cinq euros le mètre, c'est de faire des réserves. Les magasins d'emballage vendent des rouleaux de papier uni qu'il suffit souvent d'assortir de deux ou trois couleurs de bolduc pour varier les plaisirs de vos paquets.

Pour aller plus loin

Desmarais Bénédicte, *Comment offrir des cadeaux en toutes circonstances*, De Vecchi, 2004.

Lhermey Claire, Vinas y Roca Josette, *La fête est un jeu d'enfant (du goûter d'anniversaire à la kermesse)*, Fleurus Idées, 2004.

Gourlat Catherine, *ABC du bien recevoir*, Marabout, 1995.

Annexe

Tableau 8.1 Quantités à connaître pour l'organisation d'un repas, buffet ou cocktail

Pour un service à table

Les plats : pour éviter gâchis ou impression de « trop peu »…

- Viande : compter 200 g (désossée) par personne, ce qui permet aux appétits d'oiseau d'en laisser pour les bons mangeurs. En coupant vos pièces, taillez-les de grosseur inégale.
- Poissons : 1 poisson par personne (truite, par exemple) ou 150 g par part.
- Légumes d'accompagnement : un ramequin retourné de riz, trois cuillerées de julienne de légumes.
- Salade : 40 g par invité pour mâche et mesclun, 3 feuilles de batavia ou 5 feuilles de laitue.
- Fromage : prévoir un assortiment. 250 g nourrissent huit invités.

Pain : une baguette pour cinq personnes.

Les boissons

Compter une demi-bouteille de vin par personne.
Une bouteille de champagne remplit six flûtes.
Une bouteille d'alcool donne trente mesures.
Une bouteille d'un litre de jus de fruit convient pour cinq personnes.
Une bouteille d'eau plate pour trois personnes, une bouteille d'eau gazeuse pour six.

Pour un cocktail

Bon à savoir : plus on est nombreux, moins on mange… mais plus on boit !
Canapés : six par personnes.
Petites crudités (radis, tomates cerises…) : cinq à six par personne.
Petits fours chauds (mini-pizzas, mini-quiches…) : cinq par personne.
Petits fours sucrés : quatre par personne.

Un litre de jus de fruit pour quatre personnes.
Un litre d'eau plate pour trois personnes.
Un litre d'eau gazeuse pour six personnes.
Boisson apéritive unique (sangria, punch) : trois verres pour deux personnes.
Vin : une bouteille pour deux.

CHAPITRE 9

ORCHESTRER LES GRANDS ÉVÉNEMENTS DE LA VIE

Au programme :

- Il est né le divin enfant
- Rentrée à la maternelle, à la grande école, au collège
- Ça déménage
- Je reprends le travail
- Installer une chambre d'étudiant

« La vie n'est pas un long fleuve tranquille, Maman. »

Étienne Chatiliez

La vie est ainsi, de célibataire, on se met « en ménage », puis les enfants arrivent, il faut s'agrandir, préparer l'école, retourner au travail, organiser la vie de l'aîné à l'université. Compliqué ? Non, pas si on prépare les choses calmement en trouvant une solution à chaque problème. Ce chapitre vous emmène à travers les joies et événements de la vie pour vous assurer des transitions douces.

Il est né le divin enfant...

C'est fait ! Votre Conjoint est informé : vous ajouterez dans les mois à venir à vos atouts de charme un très joli ventre rond, et vraisemblablement dans les semaines suivantes un nouveau lit et un petit être à votre maisonnée. Bienvenue dans la tribu des mères et futures mères ! Côté plaisir, c'est triple-portion au quotidien, côté organisation, c'est triple-galère, mais quelle importance !... Car la première bonne nouvelle du jour vous sera confirmée par votre voisine de palier, votre belle-mère et votre collègue de travail : vous vous souviendrez de la triple-portion de plaisir et oublierez les galères, même si vous n'y croyez pas !

Mais, pour l'instant, vous avez quand même des choses à faire. Loin de nous l'idée de reprendre en détail les conseils d'éducation, de nutrition et d'hygiène que vous lirez dans « J'attends un bébé » ou « Tout se joue avant qu'il soit grand ». Vous trouverez votre bible et vous y attacherez (la bibliothèque a tous les autres, si vous voulez comparer), puis vous vous fâcherez avec et la jetterez dans un coin en disant « Ces gens ne sont pas des vrais parents ou leurs enfants ne sont pas de vrais enfants... ». Notre objectif consiste à vous aider dans votre organisation.

Votre voyage se partagera approximativement en trois étapes : on part d'aujourd'hui, et on suit toute la grossesse (et ses itinéraires bis : adoption, repos forcé, etc.) pour arriver à la première escale : la naissance. De là, nous vous emmenons jusqu'à la marche de bébé et vous abandonnons au milieu des premières tentatives d'autonomie (pour vous réorienter vers tous les autres chapitres).

La grossesse

Le début de votre grossesse, et la fin aussi (parfois la totalité) sont marqués par un grand besoin de **se reposer**. Pour ce faire, vous devrez revoir à la baisse vos exigences en matière de ménage, et demander de l'aide autour de vous. Si vous reprenez le principe des rituels et du plan de ménage, pensez à maintenir en priorité ce qui revient le plus souvent : rituels quotidiens et ménage hebdomadaire (n'hésitez pas à le répartir sur plusieurs jours). Le reste pourra attendre le passage d'une aide ménagère (professionnelle ou amateur, merci Maman !). Et mettez en priorité numéro un : douche et habillage. Sinon, vous déprimerez à la vue, dans votre miroir, de votre silhouette en pyjama bleu vers le huitième mois…

Ménagez-vous des moments de détente voire de relaxation (comme on vous l'apprendra aux cours de préparation à l'accouchement). Votre chronomètre sera, ici encore, votre meilleur ami : alternez des périodes courtes d'activité et des périodes un peu plus longues de repos. Vous serez contente d'avoir sous les yeux (dans votre plan de ménage) la durée de chacune de vos tâches ménagères. Si, pour diverses raisons, vous devez vous reposer plus que d'habitude (voire garder le lit), profitez-en pour faire du tri ou classer vos photos.

Plus que jamais, **rangez** les affaires que vous utilisez souvent à votre hauteur et demandez à toute la famille de faire un effort pour ne pas laisser de choses traîner sur le sol. Se pencher quand on est enceinte est déjà trop souvent nécessaire.

Vous devez également réfléchir aux **préparatifs** de l'arrivée du trésor : courses à faire, mais aussi période difficile à négocier juste après l'accouchement. Les futures mamans prévoyantes se lancent dans la congélation en masse ou se plongent dans le catalogue de Surgelshop. N'hésitez pas, aussi, à rédiger de nouveaux rituels pour quand bébé sera là, en y incluant toute la gestion des biberons (stérilisation, préparation, etc.), si vous choisissez cette formule, ainsi que quelques lessives supplémentaires et une sieste (pour vous). Dans le ménage hebdomadaire, pensez au nettoyage et au rangement de l'équipement de Bébé (couverture favorite, table à langer, commode).

Quant au **trousseau** et au matériel de puériculture, surtout, parlez-en autour de vous. Les magasins et catalogues sont prêts à vous faire croire que tout est indispensable, alors que vous pouvez vous passer de beaucoup de choses, le principal étant de pouvoir *coucher* (un lit), *changer* (un dessus de commode), *nourrir* (des biberons ou des seins) et *transporter* votre enfant (une poussette-landau et un siège-auto). Il faudra aussi l'habiller. Si vous avez tendance à traîner sur les lessives, investissez dans la quantité plus que dans la qualité : il fera toujours plus chic en ensemble Petiprix propre qu'en Jacquapridor sale.

D'ailleurs, c'est le moment ou jamais de commencer une liste pour les gens qui vous demanderont des idées de **cadeaux de naissance**. Vous aurez autre chose à faire, à la naissance, que d'aller échanger des vêtements déjà trop petits. Si vous avez déjà un petit monstre à la maison (et souvent tout le nécessaire pour son petit frère), vous pouvez aussi faire une « anti-liste » en notant soigneusement tout ce dont vous n'avez pas besoin ! C'est toujours mieux que de fondre en larmes en déballant le énième mobile musical, pour cause de doublon et de baby-blues. Si ce dont vous avez envie, c'est que quelqu'un vienne vous aider, précisez sur votre liste : heures de baby-sitting, heures de ménage, argent pour faire venir une auxiliaire de puériculture pendant quelques jours ou pour l'aide d'une consultante en allaitement.

Un petit mot concernant les usages : comme il est de bon ton de ne pas trop tarder pour envoyer vos **faire-part**, nous ne saurions trop vous conseiller de faire provision de timbres plus quelques petites cartes pour répondre par écrit aux copines de Belle-Maman qui ne manqueront pas de vous envoyer des cadeaux.

La grossesse est évidemment le bon moment pour recruter votre future **nounou** (le bouche-à-oreille est un bon filon) et lui rendre visite pour faire connaissance. Abordez tous les sujets qui vous tiennent à cœur maintenant, quitte à la rappeler si vous avez oublié une question, car de votre bonne compréhension mutuelle dépendra votre organisation future. Ainsi, si vous travaillez loin de votre domicile, voyez avec elle dans quelles conditions elle accepterait un dépassement d'horaire. Mais n'en abusez pas ! Dans le même ordre d'idée, voyez quelle jeune voisine pourvue de petits frères (et donc, réputée raisonnablement compétente en la matière) serait disponible pour faire du **baby-sitting**. Et prévoyez-en plusieurs : il arrive qu'elles sortent aussi le samedi soir… Pensez aussi, dès maintenant, aux inscriptions en crèche et garderie.

Conservez les **justificatifs** des versements d'indemnités journalières de votre Caisse d'assurance maladie : vous en aurez besoin pour calculer votre retraite.

L'accouchement et le séjour à l'hôpital

Un ou deux mois avant la fin prévue de votre grossesse, commencez aussi à **organiser votre absence** pour l'accouchement. Souvent, c'est la première fois que vous quittez la maison en laissant vos aînés seuls avec leur papa. Profitez de votre congé maternité pour remettre en ordre vos routines et votre classeur de maison. N'hésitez pas, si nécessaire, à détailler le déroulement de vos journées sur une feuille de papier, ça rassurera tout le monde.

Papa s'en sort en général très bien, mais peut-être moins lorsqu'il s'agit d'**appeler toute la famille** pour prévenir de l'heureuse nouvelle. Soyez sympa, faites-lui une liste avec les numéros ou chargez une des grands-mères de s'en occuper (elles adorent ça).

La plupart des livres sur la grossesse vous donneront de très bonnes indications sur ce que vous devez mettre dans votre sac pour la **maternité**. Un bon conseil que nous pouvons vous donner est de recevoir votre entourage très proche à la maternité (ce n'est pas vous qui faites le ménage et, si tout va bien, vous vous ennuyez assez rapidement) et de reporter toutes les autres visites à au moins une quinzaine de jours après l'accouchement (à la maison, faut laisser le temps à tout le monde de s'adapter !).

Après l'accouchement, s'organiser avec un bébé

Avec la naissance d'un bébé, qu'il soit le premier ou non, vous pouvez partir du principe que vous entrez dans un grand tourbillon. Dans votre cher livre de puériculture, on commence par vous expliquer les progrès du petit bout au jour le jour, puis semaine par semaine et enfin mois par mois. Considérez que c'est effectivement à ce rythme que vous devrez vous **adapter**. Pendant au moins un mois, vous vivrez au jour le jour en suivant seulement son rythme. Et il s'adaptera, comme vous, progressivement au nouveau rythme familial : le jour où vous maîtriserez votre routine avec trois siestes à heures fixes, il décidera que deux lui suffisent ! S'adapter, pour vous, ça sera :

- réorganiser les journées selon le rythme de ses repas et de ses heures de sommeil ;
- trouver un nouveau système de rangement à chaque fois qu'il faudra de nouveaux vêtements de taille ou de saison différente ;
- réfléchir à des systèmes pour lui préparer des repas nourrissants sans faire trois menus différents pour toute la famille ;
- adapter votre liste de courses aux différents besoins de bébé ;
- trouver le moyen au milieu de tout cela, d'avoir une vie en dehors de lui, à quelques moments, notamment en recherchant et testant quelques modes de garde.

Vous imaginez bien que, dans tout ça, certains viendront vous dire que vous ne faites pas votre boulot de mère. Et pourtant, nous sommes bien placées pour le savoir, si vous êtes capables de vous habiller et de vous doucher dans la même journée en vivant avec un enfant de moins de 3 mois, vous avez déjà accompli un exploit ! Donc, dès le retour à la maison, consacrez-vous à bébé et réintroduisez tout doucement vos rituels quotidiens. **Faites-vous aider** par tous les moyens possibles : femme de ménage, Belle-Maman ou « Môman » pas trop envahissante, repas livré à domicile par une copine, etc. Si on vous propose de l'aide, prenez rendez-vous immédiatement, ne vous contentez pas d'un « merci » en souriant…

Dès que vous retrouverez un peu plus votre forme, vous aurez envie de remettre un peu d'ordre dans votre **maison**. Mais souvent, quelqu'un ne sera pas d'accord : Bébé ! Prenez son fonctionnement comme repère : commencez une tâche et arrêtez-vous dès qu'il commence à se plaindre. Donnez-lui un câlin, puis reprenez où vous en étiez. Pensez aussi que de nombreuses mamans aiment s'occuper de leur maison avec Bébé dans un porte-bébé (les écharpes sont les plus pratiques, selon elles).

La fatigue des jeunes mamans est souvent préjudiciable à leur mémoire. À vous les listes de toutes sortes, notamment celle pour vérifier que le sac à langer est « complet » avant de partir en promenade.

L'alimentation de bébé occupe progressivement de plus en plus de temps. Si vous avez choisi la formule « allaitement », n'hésitez pas à réclamer de l'aide au début et profitez ensuite de la simplicité du procédé pendant le temps que vous avez prévu. Les derniers modèles de tire-lait sont assez faciles d'usage et vous permettent de vous évader quelques heures sans peur de voir Bébé chercher le sein de son papa. Le lait maternel peut être congelé : trouvez des précisions là-dessus dans la littérature spécialisée ou auprès d'associations compétentes.

Beaucoup d'entre vous passeront dès le début ou plus tard par l'étape « biberons ». La plupart des livres de puériculture actuels considèrent que la stérilisation et l'eau minérale ne sont nécessaires que jusqu'à trois mois. Ensuite, l'eau du robinet (à moins d'une contre-indication locale) et le lave-vaisselle (ou l'eau très chaude) suffisent très bien. Les biberons peuvent être préparés à l'avance (si on ne les conserve pas plus de vingt-quatre heures), ce que font beaucoup de mamans : six ou sept biberons bien fermés dans la porte du frigo, et hop, plus qu'à en mettre un quelques secondes au micro-ondes.

Quelle que soit votre formule favorite, considérez le temps que vous allez passer à nourrir votre enfant comme un moment « spécial ». Ce faisant, vous aurez peut-être envie de vous préparer un panier

« spécial Tétée de Bébé » garni de tout ce qui vous permettra de rester assise plus de quelques minutes sans être dérangée : placez un bavoir, le journal de télé et la télécommande, le téléphone sans fil, de quoi écrire (c'est un plaisir de noter les heures des biberons), de quoi distraire le grand frère (un petit livre qu'il aime bien), à boire et même quelque chose à grignoter. Le système des paniers marche pour beaucoup de choses. Ainsi, vous pouvez en avoir un dans votre chambre (si la table à langer n'y est pas et que Bébé y dort) pour le changer la nuit : quelques couches, une serviette, des lingettes, un body et un pyjama de rechange.

Le casse-tête des **vêtements** ne fait que commencer. Vous avez ceux qui lui vont en ce moment, dans sa commode, puis ceux qui ne lui vont pas encore (stockés quelque part) et enfin ceux qui ne lui vont plus… et parmi ceux-là, ceux qui sont à vous et que vous voulez garder, ceux que vous voulez donner à une association et ceux que vous devez rendre à Machine et à Truc. Vous pouvez marquer d'une initiale (au feutre spécial textile, sur l'étiquette) les vêtements que vous devrez rendre à quelqu'un, dès qu'on vous les donnera. Sinon, vous oublierez d'où ils viennent. Vous pourrez ainsi les mélanger de manière à les classer par âge (même si ça ne correspond pas toujours à grand chose, mais il faut bien s'arranger !). Ensuite, ayez, près de la commode de bébé, différents sacs (étiquetés) pour ranger, dès qu'ils sont propres, les différents vêtements trop petits. Et rendez ces sacs le plus régulièrement possible.

Des soldes réfléchies

Côté garde-robe, c'est difficile d'acheter les vêtements à l'avance, car ces petits naissent tous de tailles différentes et ne grandissent pas au même rythme. Alors ne faites les soldes que pour la saison en cours et explorez les vide-greniers si vous avez des trous dans la garde-robe (ils ont lieu entre les soldes… !).

N'oubliez pas de prévenir votre **employeur** de votre date de retour et vérifiez si votre mutuelle et votre comité d'entreprise n'offriraient pas, par hasard, un chèque de naissance (mais si !).

La marche

- Premier conseil : si vous tenez à votre temps et à votre dos, abstenez-vous de faire marcher sans arrêt votre enfant à bout de bras. Les bébés apprennent progressivement à s'asseoir, puis à se déplacer et à marcher. Ils décident seuls du bon moment, sans aide.
- Second conseil : en attendant qu'il marche, commencez à mettre à l'abri tout ce que Bébé pourra atteindre une fois debout et qui est fragile. Faites-lui une maison à sa taille. Vous éviterez ainsi d'être obligée de le suivre partout pour qu'il ne touche pas à ci et à ça. Moins il y a d'interdits, mieux il s'en rappelle.

Rentrée à la maternelle, à la grande école, au collège

La rentrée à la maternelle

Ce moment coïncide souvent avec la période « pot ». Que de choses à apprendre pour Pepette en quelques mois : aller aux toilettes à l'endroit indiqué, aller tous les jours voir une dame qui s'occupe sans arrêt d'autres enfants… Éviter, si possible, tout autre événement important au moment de la rentrée, notamment le passage au « lit de grand ».

Par ailleurs, méfiez-vous des petits bouts de papier ramenés par vos enfants, il s'y trouve parfois des informations importantes ! Lisez-les vite, et notez tout de suite les dates qu'ils contiennent. Signez les cahiers, donnez l'argent, trouvez les pots de yaourt destinés aux travaux manuels.

Renseignez-vous pour connaître les offres de garderie du matin et du soir, si vos horaires ne sont pas compatibles avec ceux de l'école et demandez si le goûter doit être fourni par vos soins.

Vous pouvez également demander autour de vous ou poser des annonces pour dénicher la perle rare qui viendra chercher Pepette à l'école et la gardera au chaud jusqu'à l'heure de votre retour du bureau.

À noter

> **Delphine, auxiliaire en puériculture, vous conseille pour les repas des enfants qui commencent à manger seuls, de choisir un coin qui ne craint rien. Il existe des grands bavoirs qu'on peut glisser sous les assiettes pour « ramasser les miettes ».**

Un échange de bons procédés avec une autre maman est toujours possible, si vos horaires se complètent bien, mais cela s'avère parfois aléatoire (réunion tardive, embouteillage).

La rentrée à la « grande école »

Ça y est, Petit Dernier va entrer à la « grande école ». Pour vous, c'est une sorte de révolution. Pour lui ? Aussi, bien sûr, sauf qu'il va se contenter d'aller à l'école de l'autre côté de la rue, le plus souvent. Ce qui change à partir des classes élémentaires, ce sont les « devoirs », et le cartable que vous devrez surveiller régulièrement. Intégrez tout ça dans vos routines respectives : les devoirs, c'est bien évidemment tous les soirs, et le cartable doit être vidé au minimum une fois par semaine (surtout si votre enfant emmène un en-cas pour la récréation ou utilise des stylos à encre, vous voyez ce qu'on veut dire !).

Doit-il avoir un bureau pour faire ses devoirs ? Oui, mais ne vous attendez pas à ce qu'il y fasse ses devoirs tout de suite et tous les jours. Peut-être pouvez-vous attendre un ou deux ans avant de remplacer sa table et sa petite chaise par un « vrai bureau » qu'il utilisera pour toutes ses études. Pour l'instant, votre enfant n'aura pas besoin de stocker des livres ou des cahiers à la maison, l'ensemble de ses affaires est théoriquement à l'école, alors pas besoin d'une tour d'étagère supplémentaire dans sa chambre.

Ne chargez pas trop l'emploi du temps de vos enfants pour votre bien… et pour le leur. Trop de mamans passent leur mercredi ou leurs week-ends en voiture, de cours de danse en leçon de solfège, de match de football en compétition d'échecs. Si ces activités sont à l'évidence importantes pour l'épanouissement des enfants, elles représentent aussi à trop forte dose une course permanente, épuisante pour eux comme pour nous. Et comme dit l'adage, « maman fatiguée, maman énervée »... et donc peu agréable (pensent nos enfants).

La rentrée au collège

Là, comme disent les grands-parents, ça devient sérieux ! Votre pré-ado doit commencer à apprendre à organiser son travail tout seul, avec agenda, emploi du temps et matériel à ranger (ça ne vous rappelle rien ?). C'est le moment où jamais de lui apprendre à utiliser un agenda et de l'aider à organiser un véritable espace de travail.

Apprendre à votre enfant à utiliser un agenda

Dès que votre enfant sait écrire, vous pouvez commencer à lui apprendre à utiliser un agenda. C'est une longue aventure, laissez-lui du temps pour s'y habituer !

- Choisissez l'agenda ensemble : un modèle pour enfant, bien structuré et coloré, solide (mais pas trop lourd) et facile d'usage.
- Expliquez-lui, comme vous l'avez appris, qu'il doit y mettre toutes les dates, activités et devoirs ; qu'il doit l'avoir avec lui en permanence ; qu'il doit le consulter au minimum une fois par jour ; et qu'il doit reporter les tâches quand elles n'ont pas été faites comme prévu.
- Renseignez-vous sur ce que demande l'instituteur ou les professeurs à l'école ou au collège. Leur coopération peut être utile...
- Puisqu'il faut en faire une habitude, allez-y tout doucement. Insistez d'abord pour qu'il y note tous ses devoirs à faire, et qu'il le consulte chaque jour. Cela signifie clairement que vous devrez le faire avec lui. Donc, fixez une heure particulière, chaque jour (certainement en rentrant de l'école, juste avant les devoirs, ou bien en rentrant du bureau, si vous travaillez), pour revoir ce qu'il y a à faire pour demain et les jours à venir, et pour s'assurer de l'organisation des activités du lendemain.
- Pour les enfants, l'agenda est rarement un outil amusant. Motivez-le pour l'utiliser : laissez-le le personnaliser à sa guise et surtout dites-lui de se munir de son agenda lors de la prochaine réunion familiale... il est grand maintenant !

Il aura à présent un vrai bureau, qu'il devra maintenir en ordre. Vous pouvez définir avec lui des rituels autour de son travail scolaire. Par exemple, tous les jours : je rentre du collège, je goûte, je vais dans ma chambre, je consulte mon agenda, je relis mes cours de la journée, je range une partie de mon bureau, je commence par le plus urgent de ce que j'ai à faire, je m'avance pour la suite.

Pour le reste, les professionnels sont mieux placés que nous pour donner quelques conseils d'organisation.

Les professeurs de collège et de lycée conseillent leurs élèves

- Définissez une couleur par matière et choisissez tout de la même couleur : cahiers, étiquettes de livre, etc. Vous pouvez même identifier un tiroir ou un classeur vertical par matière avec le même système de couleur. Lesquelles seront bien sûr utilisées aussi sur l'emploi du temps.
- Tout cela devrait aider votre enfant à faire son cartable tous les soirs, avec son emploi du temps et son cahier de texte sous les yeux. Mais aidez-le au début, c'est un coup à prendre.
- Une bonne idée : laisser dans le cartable en permanence une pochette contenant des copies simples et doubles, ainsi que le carnet de correspondance et tous les documents qui circulent du collège à la maison (lettres de parents, circulaires du collège, etc.).
- Encouragez-le à s'avancer au maximum dans ses devoirs : le week-end pour les devoirs du début de la semaine, et le mercredi après-midi pour ceux de la fin de semaine.
- Dès que vous aurez défini le type de mémoire de votre enfant (apprend-il mieux en lisant, en répétant, en se déplaçant ?), vous pourrez lui offrir les accessoires qui l'aideront (tableau blanc pour « jouer » son cours, plus d'espace pour marcher, bon fauteuil pour le visuel...).
- Apprenez-lui à utiliser son casier, s'il a la chance d'en avoir un dans son établissement scolaire. Il peut y coller son emploi du temps et y laisser quelques réserves de papier et d'encre, au cas où. Certains enfants sont autorisés à y laisser les manuels les plus volumineux, s'ils n'en ont pas besoin pour un devoir à la maison.
- Apprenez à vos enfants à ranger leur bureau régulièrement comme vous leur avez appris à ranger leur chambre, et mettez le chrono.

Ça déménage

Vous voulez déménager ? Si vous êtes un peu désorganisée, c'est à la fois la panique et une aubaine… Oui, c'est très compliqué de mettre toute sa vie dans des cartons, mais en même temps quel plaisir de repartir à zéro dans une maison toute propre après avoir trié le maximum d'affaires !

Bon, en attendant, ça ne résout pas vos problèmes. Alors comme on vous le répète depuis le début du guide, **organiser rime avec planifier** : ne vous y prenez pas au dernier moment ! Dès que vous connaissez la date du déménagement, mettez-vous au travail. En plus de la démarche en cinq étapes ci-dessous, consultez le rétro-planning proposé pour toutes les démarches administratives. Et mesurez donc les pièces de votre nouveau logement : ce serait trop dommage de se rendre compte le jour J que l'armoire normande n'entre pas dans le salon !

Vider la maison d'un proche

Même si c'est beaucoup moins joyeux, débarrasser le logement d'un proche décédé ou d'une personne installée dans une maison de retraite ressemble beaucoup à un déménagement. Tris et changements d'adresse se retrouvent. S'ajoutent parfois les nécessités d'une succession ou d'un partage : en somme, vous devriez répertorier sérieusement tous les objets de valeur, et les proposer à tous les héritiers, après les avoir estimés ou après les avoir fait estimer. Et inviter les autres personnes à venir choisir parmi les objets de moindre valeur ceux qu'ils souhaitent garder en souvenir. Cela ne devrait pas provoquer de disputes, notamment si cette organisation n'est pas dévolue à une seule personne qui, faisant l'effort de plaire à chacun, se retrouve souvent amère d'avoir passé tant de temps pour si peu de considération.

Première étape : réunir le matériel d'emballage

Il vous faut :

- des cartons et beaucoup de gros scotch (on en perd toujours un rouleau), qui peuvent vous être fournis par votre entreprise de déménagement. Prévoir aussi un dérouleur ou des ciseaux pour le scotch ;
- des sacs poubelle, très solides (comme ça, vous pourrez en utiliser aussi pour emballer des objets) ;
- des gros feutres, de plusieurs couleurs si vous voulez coder vos cartons par pièces ;
- du papier journal pour emballer la vaisselle. Si vous ne lisez pas de quotidien, vous trouverez du papier journal blanc dans les magasins d'emballage, qui ne laisse pas de traces d'encre et peut servir de papier à dessin pour les enfants (s'il en reste) ;
- des étiquettes où vous noterez ou imprimerez les différentes pièces de destination de vos cartons, et que vous collerez sur leurs quatre faces, en haut à gauche. Et autant de « panneaux » que de pièces pour signaler aux déménageurs où se trouve la chambre de Fille Aînée, etc.

Deuxième étape : commencer à emballer

D'abord, ce dont vous vous servez le plus rarement (service à thé de Tante Agathe, l'Histoire de France en douze volumes…). Puis ce dont vous pouvez vous passer jusqu'au déménagement (robe de soirée ou hors saison, vidéos…). Pour finir, pendant les derniers jours, par ce qui vous sert au quotidien. Avant de remplir ces derniers cartons, pensez à ce dont vous aurez besoin tout de suite en arrivant dans votre nouveau nid et aux quelques objets indispensables pour quitter convenablement votre domicile actuel.

Vous aurez notamment besoin de :

- quelques produits d'entretien pour nettoyer avant de partir et également avant d'installer les cartons, sans oublier les gants en caoutchouc et le désinfectant (pour les toilettes notamment) ;

- l'aspirateur, le balai et la serpillière ;
- des chiffons et de l'essuie-tout ;
- des outils de base ;
- des ampoules ;
- des fusibles ;
- de quoi préparer un repas simple : une poêle, une casserole, la cafetière, et une spatule, un couteau qui coupe, des couverts, du liquide-vaisselle, quelques torchons, un ouvre-boîte, des assiettes et des verres en carton ;
- quelque chose à grignoter, notamment pour le petit-déjeuner ;
- deux tenues de rechange par membre de la famille, des sous-vêtements au pyjama. Déménager, ça tache ;
- une trousse de toilette (matériel habituel + du papier toilette et quelques serviettes) ;
- une trousse de secours. On se blesse parfois en déménageant ;
- des draps propres et des couvertures pour chaque membre de la famille (ou prévoir des sacs de couchage si vous en avez), et un réveil ;
- le téléphone et le matériel d'emballage (surtout les ciseaux et cutters).

Faites-en un carton spécifique, à conserver avec vous et à décharger en premier.

Rétro-planning

Deux mois avant :

1. Envoyer fiche d'identification redevance (voir dernier avis de paiement) avec un RIB.
2. Appeler les compagnies d'électricité, des télécommunications et de l'eau de destination pour relever les compteurs.
3. Faire de même pour le logement de départ.
4. Inscrire les enfants aux écoles et en halte-garderie.
5. Trouver du matériel d'emballage.
6. Faire les réservations nécessaires pour les transports, si besoin.

7. Organiser le voyage de la famille.
8. Demander à son employeur le jour de congé légal accordé pour le déménagement.
9. Informer l'assureur du déménagement, pour que les biens soient assurés sans discontinuité.

Six semaines avant :

10. Commencer à trier et à emballer.
11. Aller à la poste demander un ordre de réexpédition définitif.
12. Emmener ce qui doit être lavé au pressing et penser à tout récupérer.
13. Réunir les objets de grande valeur et les documents importants. Ils ne doivent pas voyager dans le camion des déménageurs.
14. Prendre rendez-vous avec la compagnie d'électricité pour établir le dernier relevé.
15. Nettoyer les appareils électroménagers.

Quatre semaines avant :

16. Prévoir un plan d'accès au nouveau logement pour les déménageurs.
17. Informer les voisins et le concierge (bruit du déménagement et utilisation intensive de l'ascenseur).
18. Rendre les objets empruntés, récupérer les objets prêtés.
19. Se débarrasser de tous les produits inflammables et autres « non-autorisés » à la déchetterie de la commune.

Deux semaines avant :

20. Régler toutes les factures.
21. Prévoir les repas pour vider le frigo et le congélateur.
22. Noter sur les meubles leur destination.
23. Retirer les objets décoratifs fixés à emporter.

24. Prendre rendez-vous avec les encombrants pour le ramassage de ce qui part à la poubelle, et avec emmaüs.
25. Prendre de l'argent liquide pour le pourboire des déménageurs.

Une semaine avant :

26. Dégivrer frigo et congélateur (environ trois jours avant le départ).
27. Faire les valises.
28. Vidanger le lave-linge.
29. Fermer les portes d'armoires et les tiroirs vides avec du scotch ou les bloquer fermement avec du carton ; enlever les clés et les étiqueter.

Voici la liste de toutes les personnes ou organismes à qui vous devez communiquer votre nouvelle adresse :

30. Le centre des impôts.
31. La préfecture (nouvelle carte grise du véhicule).
32. Les divers abonnements (magazines, journaux).
33. Les sociétés de vente par correspondance avec qui vous voulez rester en relation.
34. La mairie (liste électorale).
35. Les assurances, y compris la mutuelle.
36. Les banques.
37. La caisse d'assurance maladie.
38. La caisse de retraite.
39. La caisse d'allocations familiales.
40. Vos proches.

Troisième étape : faire les cartons

Rappelons que les déménagements sont de formidables occasions de faire du tri. Vous noterez le maximum de détails du contenu sur les cartons, et surtout leur **pièce de destination**. Vous pouvez numéroter les cartons et noter ce qu'ils contiennent sur un carnet, mais seulement si vous êtes sûre de ne pas perdre le carnet ! Pour numéroter les cartons, commencez simplement par 1, qui désignera le carton où se trouvent les choses les moins urgentes à déballer (les premières emballées) et poursuivez dans l'ordre croissant. Faites environ cinq cartons par jour et laissez-les dans la pièce d'où ils viennent.

Ce que mes déménagements m'ont enseigné

« En résidence, nous avons gardé les rideaux aux fenêtres jusqu'au dernier moment pour ne pas trop attirer la curiosité…

Nous avons aussi eu pleinement l'occasion de nous rendre compte qu'on ne peut remplir les cartons de déménagement qu'à moitié, avec des livres. Sinon, c'est trop lourd. Ayant abîmé quelques meubles lors du premier déménagement, j'ai, par la suite, scotché du papier bulle au coin des tables et emballé les pieds dans du papier journal, scotché également. »

Laurence, 40 ans, conseil en organisation, 3 enfants

Attention, c'est la fin du déménagement qui est la plus fatigante. Vous allez garder pour le dernier moment ce que vous utilisez « tous les jours » et c'est vraiment beaucoup de choses. Trouvez de l'aide pour les derniers jours.

Quelques choses fondamentales à vérifier avant de partir de votre ancienne maison, dès que vous avez les clefs de la nouvelle :

- dans le nouveau logement, essayez la fermeture des portes et fenêtres, vérifiez le fonctionnement de l'installation électrique, de la chaudière et des radiateurs, de la cuisinière, des robinets, des tuyaux d'écoulement, examinez l'état des sols (si vous avez visité meublé) et celui du jardin (dangers potentiels pour les petits) ;
- assurez-vous, avant de partir de l'ancien logement, que le téléphone, l'électricité et l'eau fonctionnent bien dans votre nouvelle maison ;
- prévoyez d'avoir de quoi nettoyer l'ancienne maison ou demandez les services d'une entreprise spécialisée.

À noter

> **Sachant qu'ils se saliront dans le déménagement, ne lavez, avant de partir, ni vaisselle, ni objets en verre, ni miroirs, ni vases, ni meubles…**

Quatrième étape : une fois sur place

En arrivant, avant même l'arrivée de vos cartons :

- placez des journaux ou des bâches au sol (surtout s'il pleut) ;
- collez les étiquettes sur les pièces et affichez un plan ;
- installez les meubles les plus volumineux en premier.

Si vous pouvez confier vos enfants, faites-le. Sinon demandez-leur de ne pas commencer à déballer les cartons avant que tous les meubles soient installés, de manière à savoir où mettre les choses. Vous pouvez brancher rapidement la télévision en arrivant, de façon à les maintenir occupés, au lieu de les voir courir dans les jambes des déménageurs.

Puis videz les cartons un par un en commençant par le plus urgent, c'est-à-dire la cuisine. Sortez les objets, rangez-les à leur place et jetez les papiers. Ne commencez pas à vider plusieurs cartons à la fois.

Cinquième étape : le lendemain du déménagement et les jours suivants

La première chose à faire ? Votre rituel du matin ! Lever, douche, s'habiller, prendre son petit-déjeuner, et faire, devant votre café (ou votre soupe… si vous avez oublié le café !), la liste des choses à faire en premier. C'est-à-dire, principalement :

- brancher le lave-linge (et le sèche-linge) ;
- brancher le lave-vaisselle ;
- faire la liste de courses, puis les courses ;
- réfléchir aux menus des jours à venir.

Une fois que c'est fait, à vous les cartons. Faites des pauses, reposez-vous et buvez un verre d'eau entre chaque série. Si vous ne trouvez pas la place d'un objet, vous avez encore le droit de décider de vous en séparer maintenant… Ne culpabilisez pas de les avoir déménagés pour rien, vous n'avez pas le temps ! Une fois que l'indispensable est rangé, déballez cinq cartons par jour, tranquillement.

Pour ce qui est des changements d'adresse administratifs, il n'y a pas forcément d'urgence, puisque la Poste vous fera suivre le courrier à votre nouvelle adresse pendant six mois. Le plus urgent est de régler l'installation sur place, c'est-à-dire le déménagement et les diverses inscriptions (école, crèche), ainsi que l'électricité, le téléphone et l'eau pour que vous puissiez reprendre une vie normale rapidement.

Je reprends le travail

Congé parental, période où l'on choisit de mettre ses enfants au premier rang des priorités, ou simplement période de chômage, nous sommes toutes amenées un jour à arrêter de travailler quelque temps, et à reprendre ! Quand les « mères au foyer » regardent leur emploi du temps, elles se demandent souvent comment elles arriveront à caser, au milieu de tout ça, l'horaire légal de travail hebdomadaire réclamé par le patron, et pourtant… il suffit d'un peu d'organisation !

Évidemment, vous allez reprendre tout votre plan de ménage et en revoir une bonne partie : certaines tâches vont changer de fréquence et d'autres seront déléguées (à la nounou à domicile par exemple, ou à Fille Aînée, toute fière de ses nouvelles responsabilités). Vous devrez aussi perdre quelques mauvaises habitudes, telles que ne faire le ménage que lorsque les enfants ne sont pas là ! Expliquez-leur plutôt que, s'ils vous aident, vous aurez plus de temps pour eux ensuite. S'ils sont encore trop petits pour comprendre cela, n'hésitez pas à vous faire aider, même s'il faut pour cela que vous utilisiez un peu de votre argent durement gagné : c'est aussi le prix de votre « zénitude ».

Votre rituel du soir (et celui de vos enfants) est le plus important. Préparez le maximum pour que tout le monde commence bien la journée du lendemain. Consultez sans faute votre agenda… Vous aurez beaucoup moins le droit à l'erreur : vous ne pourrez plus rapporter le pot de yaourt demandé par l'institutrice à l'heure du déjeuner !

Les week-ends vont devenir des périodes un peu plus « actives » pour vous. Tout le monde voudra vous voir (avant, ils avaient le temps de vous croiser en semaine !) alors que vous serez en train de courir entre courses, ménage hebdo et préparation de la semaine à venir. Vous vous habituerez, méfiez-vous juste un peu au début, et ne chargez pas trop les premiers week-ends !

De même, pendant la semaine, certaines choses seront plus dures à organiser. Si vous travaillez loin de la maison, les séances de taxi pour emmener chacun (vous y compris) à ses trois activités extrascolaires hebdomadaires vont commencer à se compliquer. Cependant, puisque vous avez fait partie des mères au foyer quelques temps, peut-être pouvez-vous à votre tour profiter un peu de la liberté de l'une d'entre elles… en échange d'autres services, bien sûr.

La pause déjeuner est un moment que vous aurez intérêt à rentabiliser. C'est une nouveauté pour vous : un moment dont vous faites ce que vous voulez, sans enfants autour. À vous la rédaction du plan de menu, les courses, mais aussi les rendez-vous chez le coiffeur, le médecin, les déjeuners entre copines !

Installer une chambre d'étudiant

Chambre de bonne ou colocation, dans une grande ville de province ou une capitale européenne, votre étudiant de fils part faire ses études hors du nid. C'est fait, décidé, et le lieu est trouvé (ce qui n'est pas une mince affaire). Reste à le rendre suffisamment habitable, malgré le manque de place, et surtout à apprendre à l'hurluberlu à y « vivre sa vie ».

- Quel que soit votre choix, renseignez-vous sur ce qui est déjà disponible sur place. La plupart des chambres de bonne sont meublées et offrent un minimum de confort, mais ça dépend. Prenez des notes le jour de la visite, y compris la taille du lit, pour les draps, et les mesures de la pièce, pour d'éventuels meubles supplémentaires.

- S'il y a des colocataires, demandez ce qui est partagé et ce qui ne l'est pas. Comment s'organise le frigo, par exemple ?
- Prévoyez un maximum de systèmes de rangement. Fils Aîné doit caser dans son espace, au minimum, de quoi travailler, dormir, se distraire et se vêtir, parfois même de quoi se nourrir et faire sa toilette.
- Offrez-lui une trousse de premier secours (avec un livre assorti) et une lampe de poche, ainsi qu'une liste des numéros à appeler en cas d'urgence.
- Puisqu'il y a peu de place, proposez de conserver une partie des affaires « *à la maison* », notamment les vêtements hors saison, qu'il viendra chercher lors d'un prochain passage.
- Étudiez ensemble le sujet de la lessive. Cours accéléré de triage de linge et répétition en direct à la laverie du coin avec fiche d'instructions à l'appui.
- Expliquez-lui comment vous organisez votre temps et encouragez-le à se créer son propre « *classeur de maison* ».

Pour aller plus loin

Iovine Vicki, *Grossesse, Le guide des copines*, Marabout, 2001.

Coéffé Michel, *Guide des méthodes de travail*, Paris, Dunod, 1993.

CLIN D'ŒIL À NOS MÈRES

Vous manquez de temps pour cuisiner, dites-vous !

C'est vrai, car vous travaillez peut-être. Mais même si vous restez à la maison, c'est encore vrai aussi car l'aide manque pour venir à bout des tâches écrasantes auxquelles vous devez faire face (...).

Pour gagner du temps, vivez avec votre temps !

Vous, Madame, qui êtes une femme moderne, vous ne laissez pas la vie vous accabler.

Vous vous pliez facilement à son rythme et à ses exigences. Vous admettez même que la vie moderne a du bon et que, si tout va plus vite, les corvées sont aussi plus courtes qu'autrefois. Vous ne cuisinez plus sur du feu de bois, vous avez adopté le gaz ou l'électricité. Cela fait gagner du temps, c'est plus propre et ça marche plutôt mieux. Comme votre grand-mère, vous balayez, vous repassez. Mais, sur vos tapis vous promenez l'aspirateur de préférence au balai-brosse, vous repassez avec un fer électrique plutôt qu'avec un fer en fonte chargé de braises. Et c'est travail mieux fait à moindre peine.

Accepteriez-vous, par contre, de laisser sombrer la haute réputation de la maîtresse de maison française, si fine cuisinière, simplement parce qu'il vous faut économiser du temps ? Votre bon sens vous a suggéré d'excellentes solutions pour tous les problèmes de balayage, lavage, repassage, etc. Vous vous êtes adaptée aux instruments nouveaux qui font gagner du temps ; vous obtenez de meilleurs résultats.

Enfin de la cuisine mijotée et vite faite !

Extrait de Françoise Bernard, Manuel de la cocotte-minute SEB, 1957.

Oui ! Vous avez le droit d'utiliser tous les moyens de gagner du temps et vous n'avez pas à culpabiliser de prendre des raccourcis pour aller à l'endroit où vous voulez aller. Maintenant, comprenons-nous bien, nous vous avons donné plein d'idées, d'astuces, de méthodes, pour que votre vie se simplifie, mais vous n'aurez pas pour autant cette vie que semblent avoir les stars des magazines : intérieur rutilant, décoration créative, enfants propres et bien élevés, calmes avec ça, famille prête à tous les sacrifices pour que frères, sœurs et parents soient les plus heureux du monde, repas gourmands et détendus, journées faites de ponctualités, vacances sans oublis…

À l'heure où nous vous parlons, autant le dire :

- Chez Stéphanie, vers 18 h 30, les restes du goûter trônent encore sur le bureau. La cuisine souffre de la « flémingite » aiguë de son utilisatrice principale, du linge sec reste sur l'étendoir, des jouets traînent dans tous les coins de la pièce entourés de deux mouflets de 2 ans et 4 ans qui font tourner tout le monde en bourrique en cette fin de dimanche… Il y a les bons et les mauvais jours, ceux où on a envie de ranger, trier, nettoyer, et ceux où on a envie de rêvasser sur un coin de canapé (le seul qui reste libre) devant « *Questions pour un champignon* ». Aujourd'hui, c'est un jour « *flemme* », sauf que l'on sait que, demain, grâce aux routines et à l'école, la maison redeviendra plus habitable…
- Chez Laurence, à la même heure, ça défile dans la salle de bain, ça s'entasse dans la cuisine ou ça s'active dans les chambres (cartable et vêtements pour demain). Puis il y aura le dîner et son cortège de corvées juste pour avoir le plaisir de s'écrouler dans le canapé et, dans un dernier sursaut d'énergie, planifier rendez-vous et repas de la semaine à venir. Car l'expérience nous a appris que si c'est déjà trépidant aujourd'hui, ça risque fort d'être franchement chaotique demain.

La perfection ? Oubliez-la si vous avez une autre vision de la vie que de passer vos journées à briquer et à courir derrière vos proches. Préférez-lui cette sérénité que vous donnent vos plannings et vos tris : les habitudes que vous avez prises, vous pouvez les reprendre en deux temps trois mouvements, le trop-plein que vous avez trié et jeté n'est plus à ranger, il ne vous gêne plus pour passer le chiffon ou l'aspirateur ; si chaque chose a une place, le désordre de deux ou trois jours peut se ranger en une vingtaine de minutes.

Maintenant que vous savez organiser la plupart des aspects de votre vie, désorganisez quelques moments pour jouir des petits bonheurs du jour : écoutez des enfants rire ensemble, regardez les jolis garçons installés à la terrasse d'un café, dégustez un thé dans votre vaisselle préférée avec une bonne copine, plongez dans une eau chaude ou fraîche et profitez de sa caresse sur votre peau, sentez l'odeur du gazon coupé ou du délicieux gratin dauphinois qui cuit dans le four… Après vos rituels « sérieux », créez vos rituels plaisir et ne les manquez pas.

Si nous n'avons réussi qu'une seule chose, nous espérons que ce sera de vous déculpabiliser vis-à-vis de vos devoirs quotidiens, et de vous faire sourire de vos petits progrès.

REMERCIEMENTS

Pour toute l'inspiration qu'elles nous ont donnée, nous tenons à remercier nos mamans, nos grands-mères, Flylady, les sœurs Young et Jones, Sandra Felton, Dawna Walter, nos sœurs et belles-sœurs et toutes nos amies. Un petit mot aussi pour leurs conjoints…

Pour leur intervention précieuse, nous devons beaucoup à tous les professionnels qui nous ont offert leurs conseils.

Pour leur patience et leur écoute pendant la réalisation de ce projet, et pour avoir supporté tous nos essais et tentatives pour nous organiser mieux, nous embrassons tendrement nos maris, Pascal et Peter, et nos enfants, Alix, Gabrielle, Jehanne, Marie et Nicolas.

Un remerciement tout particulier aux premières clientes de Jara : Olivia, Armel, Maryse, Marianne et Christine, ainsi qu'aux membres de la liste Mamaison, dont la créativité et la fantaisie ne cessent de nous mettre au défi quand il s'agit de mettre en place des méthodes d'organisation qui « fonctionnent ».

Pour nous avoir appris beaucoup, et surtout à prendre confiance en nous, merci à Valérie Colonna et la très regrettée Jacqueline Colombat.

Pour nous avoir donné notre chance, nous sommes reconnaissantes à nos employeurs d'hier et d'aujourd'hui, Michel Kenedi, Michèle Duvernay, Christine Lamiable, Carole Behn et Françoise Dangerfield.

Pour leur table accueillante, merci au salon de thé Pegoty's, transformé en quartier général pendant quelques après-midi de travail.

Dans la même collection